치료레크리에이션개론(2판)

정준구 지음

신정

머/리/말

〈치료레크리에이션 개론〉을 출간한 지 벌써 7년이 넘었다. 처음 출간을 할 때에는 이렇게 시간이 빨리 지날 줄을 몰랐다. 부족하지만 그래도 치료레크리에이션 현장에 필요한 책 한 권을 출간하여 치료레크리에이션 분야에 도움을 줄 수 있었다는 생각에 자부심과 기쁨이 조금 있었다. 개정판에 대한 생각은 하지 못했다.

그런데 책을 읽고 강의를 하면서 수정하고 보완해야 할 내용들이 많다는 사실에 적잖이 당황하였다. 부끄럽기도 하고 개정판 원고 작업의 필요성을 강하게 가졌다. 초판보다는 더욱 충실하고 도움을 줄 수 있는 내용으로 구성해야 한다는 생각은 개정판 작업의 주요 동기가 되었다. 그래서 개정판을 만들 때를 생각해서 틈틈이 원고를 읽고 여러 자료를 수집하여 정리하면서 원고 수정 및 보완하는 일을 하였다.

〈치료레크리에이션 개론〉 개정판은 우선 초판에서 발견된 거친 문장을 좀 더 이해하기 쉽게 다듬는 것에 초점을 두었다. 이론서가 아닌 이해와 적용에 중점을 둔 책이기 때문에 책을 읽는 독자가 좀 더 편안함을 가지면서도 치료레크리에이션에 대한 이해도를 높이는 것이 중요하다고 생각했다. 그래서 처음부터 한 문장씩 읽어나가면서 매끄럽지 못하거나 불필요하다고 생각하는 내용은 수정 또는 삭제하였다. 또한 이해도를 높이는데 필요하다고 생각할 경우에는 내용을 보완하는 작업이 이루어졌다.

두 번째는 '치료레크리에이션 촉진기법' 내용을 별도의 장(chapter)으로 추가하였다. 치료레크리에이션 현장에서 다양한 사례들을 만나면서 여가능력모형, 실천기술과 함께 병행할 수 있는 촉진기법이 필요하다는 생각을 많이 가졌다. 그래서 국내·외 치료레크리에이션 분야를 포함하여 심리학, 교육학, 사회복지학, 체육학 등 영역에서 사용하는 기법들 중에서 실제 치료레크리에이션 현장에서 도움이 될 수 있는 기법들을 여러 자료를 통해 수집한 뒤 절충하여 적용하였다. 적용하는 과정에서 기법들에 대한 이해 정도가 매우 중요하며 끊임없는 연구의 필요성을 강하게 가졌다. 본 책에서는 실제 도움이 되었던 기법들을 일부 소개하였다.

초판보다는 좀 더 완성도 있는 개정판이 되기를 바라는 소망과 노력은 글쓰기라는 어려운 과제에 직면할 때마다 능력의 한계를 통감하곤 하였다. 생각을 글로 옮기고 이를 독자들에게 쉽게 전달하는 능력은 결코 쉽게 이루어지는 것이 아님을 작업하는 과정에서 늘 깨닫게 되었다. 희망과 달리 여전히 부족함을 통감한다. 그래서 이 책을 읽은 독자들과 동료들의 격려, 조언, 충고는 아프지만 성장하는 치료제가 될 것이다. 더 좋은 책이 될 수 있도록 더욱 격려, 조언, 그리고 충고를 바란다.

"개정판 출간이 가능할까?"에 대한 욕심과 실망이 존재했다. 그럼에도 불구하고 부족한 원고를 좋게 인정하여 〈치료레크리에이션 개론〉 개정판 출간을 허락하고 좋은 책으로 만들어 주신 신정 출판사의 최용구 사장님과 장만동 전문님, 그리고 편집부 직원들에게 고마움을 표한다.

끝으로 치료레크리에이션 현장에서 함께하며 많은 격려와 지원을 아끼지 않은 아내와 사랑하는 아들들 그리고 가족들에게도 고마움을 표한다.

2021년 1월 사무실에서

정 준 구

차/례

PART 02 치료레크리에이션의 정의

PART 03 여가능력모델

PART 04 치료레크리에이션 실천기술

PART 05 치료레크리에이션 촉진기술

Therapeutic Recreation

PART 01

여가의 이해

들어가기 전에

치료레크리에이션은 여가학에 뿌리를 두고 있다. 여가학은 여가와 관련된 다양한 현상과 이론을 다루는 학문이다. 치료레크리에이션은 여가학의 다양한 영역 가운데 한 부분으로서 위치하고 있다. 치료레크리에이션 전문가는 치료레크리에이션 실천을 위해 여가에 대한 기본적인 이해가 선행되어야 한다. 그러나 여가학의 학문적 범위가 방대하여 본 책에서 이를 모두 담기에는 어려움이 있다. 이에 1부에서는 여가의 정의, 관점, 그리고 관련 용어 간의 차이점과 유사점을 간략하게 살피는 데 중점을 두고자 한다.

CHAPTER 01

여가의 정의

여가에 대한 정의는 철학, 심리학, 사회학, 경제학, 인류학 등 기초 영역에서부터 체육학, 관광학, 가정학, 사회복지학 등 실천 영역에 이르기까지 각각의 학문적 관심과 배경에 따라 다루어져 왔다(노용구, 2001: 19). 또한 그리스 시대에서 현대에 이르기까지 시대 상황에 따라서도 여가는 각기 다르게 정의가 이루어져 왔다. 이렇게 여가에 대한 정의가 명확하게 합의되지 못하고 다양하게 이루어져 온 이유는 시대에 따라 그 시대에 맞도록 여가의 개념을 각기 다르게 사용했기 때문일 것이다. 여기서는 고전적 여가(The Classical Perspective on Leisure)와 현대적 여가(The Contemporary Perspective on Leisure)의 개념을 살펴보고자 한다.

1. 고전적 여가

1) 어원

여가를 지칭하는 영어 leisure는 라틴어 licere에서 유래된 것으로 '조용함, 평화,

남는 시간, 자유시간, 자유롭다, 허용되다' 등을 의미한다. 여기서 '허용되다'는 영어 license(면허)로, '자유롭다'는 영어 liberty(자유)로 발전하였다.

leisure는 희랍어 scole, 그리스어 scola, 로마어 otium과도 관련성을 갖는다. otium은 '아무것도 하지 않는 일, 여분, 한가로움' 등의 소극적인 행위 상태를 의미하며, scola는 '학교(school), 학자(scholar), 학자들의 토론을 위한 장소, 학문, 철학, 명상과 문화 창조적인 활동'을 의미한다(Kraus, 1978: 37-38; 오순환, 1999: 13-14; 이종각 · 김홍록, 1980: 17-19). 일반적으로 여가의 정의에 담겨 있는 '자유로움, 한가로움' 뿐만 아니라 '교육'이 포함되어 있음을 볼 수 있다.

이와 같이 서구 사회에서 고전적 여가는 '한가로움, 평화, 자유, 교육' 등 의미가 다양하게 사용되어 왔음을 볼 수 있다. 이는 고대사회에서 중세사회로 이어지는 당시 상황을 고려하여 이해하는 것이 필요하다. 고대 및 중세사회는 신분 관계가 엄격했던 시기이다. 여가 참여 또한 이러한 신분 관계에서 벗어날 수 없었다. 즉, 여가에 참여할 수 있었던 계층은 자유로운 신분이 보장되었던 영주, 귀족, 기사, 성직자, 일부 자유시민 등 남성 중심의 귀족계급이었다. 이들은 노동의무에서 벗어나 자유롭게 지적 · 문화적 활동에 참여할 수 있었다(김광득, 2008: 15; 오순환, 1999: 13-14). 남성 귀족계급들은 전쟁이 없는 남는 시간에 특정 토론 장소에 모여 지적 · 문화적 활동을 자유롭게 참여할 수 있었다. 이들에게 '한가로운 시간을 어떻게 이용할 것이며 무엇을 해야 할 것인가?'는 중요한 문제가 될 것이다(서태양 · 차석빈, 1996: 27).

2) 명상과 음악

고전적 여가는 '영적 정화를 통한 즐거움'을 특징으로 한다. 의식을 풍요롭게 만드는 것은 매우 중요한 과제에 해당하였다.

고전적 여가의 출발점은 아리스토텔레스학파에서 시작한다고 볼 수 있다. 아리스토텔레스에 의하면, 여가는 '노동(necessity of being occupied)으로부터 자유로운 상태'라고 정의한다. 이들에게 명상과 음악은 여가를 풍요롭게 만드는 가치 있는 유일한 활동이었다. 음악은 정신을 고양시키고 명상은 진실과 참된 행복으로 이끌어 가는 활동이었기 때문이다(Neulinger, 1981: 2). 특히 명상은 생각할 수 있는 시간을 주고 가장 기쁨을 주는 활동으로 여겼다(Bucher et al., 1984: 5).

에피크로스학파는 의식을 고취시키는 것을 즐겁게 사는 방법으로 여겼다. 에피크로스는 "사려 깊고 아름답고 정의롭게 살지 않으면서 즐겁게 사는 것은 불가능하며 반대로 즐겁게 살지 않으면서 사려 깊고 아름답고 정의롭게 사는 것도 불가능하다는 것을 우리에게 가르친다(오유석 역, 2005: 48)"라고 하였다.

2. 현대적 여가

근대사회로 넘어오면서 여가의 개념은 매우 다양한 논의와 함께 발달한다. 많은 학자들은 개인적 측면에서의 여가, 사회 현상으로서의 여가, 통합적 여가 등 자신만의 고유한 관점을 바탕으로 여가를 정의하려는 시도를 한다. 이는 여가의 지식을 형성하고 시각을 확장하면서 여가 학문을 발전시키는 놀라운 성과를 이루었다. 반면, 여가에 대한 정의를 구체적으로 합의하지 못하면서 사람들에게 여가를 명확하게 이해시키는 데 어려움을 주었다.

개인적 측면에서의 여가는 '시간으로서의 여가', '활동으로서의 여가', '의식으로서의 여가', 사회적 측면에서의 여가는 '사회계급으로서의 여가' 정의가 널리 인정되고 있다. 여기서 '시간으로서의 여가'는 생존에 필요한 필수적인 시간과 의무적인 시간(노동 등)을 제외한 나머지 시간을 여가로 보며, '활동으로서의 여가'는 여가를 자발적인 활동으로 본다. 또한 '의식으로서의 여가'는 마음의 상태를 강조한다. '사회계급으로서의 여가'는 계급 간 구분을 짓는 데 중요한 역할을 하면서 여가불평등 문제를 지적한다.

1) 시간으로서의 여가

시간으로서의 여가는 '자유 시간(free time)'을 강조하는 브라이트빌(Brightbill), 크라우스(Kraus) 등의 견해를 바탕으로 한다.

브라이트빌(1963)은 '생존 유지를 위해 유기체로부터 요구되는 시간, 선택한 시간, 압박감이 최소화된 임의적인 시간'으로 정의한다(Brightbill & Mobley, 1997; Maclean et al., 1985: 6). 크라우스(1998)는 '노동, 노동과 연계된 책임감, 또는 일상생활 유지에 전념하지 않는 개인 시간의 일부로서, 임의적 또는 비의무적인 시간'으로 정의한다(Kraus, 1998: 46). 이들에게 있어서 여가는 인간으로서 생활을 영위해 나가는데 기본적으로 소요되는 필요 시간(수면, 식사, 개인 관리 등)과 노동, 학업 등 책임이 수반되는 노동 및 사회 활동으로부터 벗어난 자유로운 시간을 말한다(Kraus, 1998:40).

시간으로서 여가를 보다 이해하기 위해서는 '구속적 시간'과 '비구속적 시간'을 살펴보는 것이 필요하다. '구속적 시간'은 집단과 사회 구성원 간에 공유되는 강제된 시간을 말한다. 즉 개인이 집단과 사회 환경 속에서 인간, 사물, 그리고 사상과 접하면서 발생하는 공식적·의무적인 시간의 상태를 말한다. 개인은 이들(직장노동, 가사노동 또는 집단목표, 사회제도, 규칙생활 등)과의 상호작용적인 관계를 맺으면서 사회적 구속이나 또는 심리적으로 부담이 되는 강제된 시간을 갖게 된다. 예를 들면, 학교 통학 및 직장 출근을 위해 가족 구성원은 정해진 시간에 일어나야 한다. 직장인은 직업을 유지하기 위해 회사에서 규정한 근무 시간을 지켜야 한다. 이와 같이 개인이 생물학적으로 유지하는 데 필요한 시간과 노동시간을 구속적 시간이라고 한다. 반면, '비구속적 시간'은 생물학적으로 유지하는 데 필요한 시간과 노동시간을 제외한 시간을 말한다. 즉 사회적 의무가 아닌 것과 보수나 이익을 목적으로 하지 않는 자유시간을 말한다. 다시 말해 사회와 직장, 가정, 학교, 종교 등 의무감과 구속력이 있는 어떤 것에서 벗어났을 때 비구속적 시간이라 할 수 있는데, 여가는 비구속적 시간에 해당된다(강남국, 1999: 23-25). 따라서 시간으로서의 여가는 '심리적 또는 사회적으로 구속되어 있지 않은 자유시간'일 때 진정한 의미를 갖게 된다.

그러나 노동시간과 여가시간이 분리될 수 없는 경우가 있다. 즉 여가시간과 노동시간이 일치하여 노동이 전혀 의무감이나 강제성이 없고 오히려 즐거움과 보람을 느낄 경우 또는 사업상 이유로 손님을 초대하여 골프를 할 경우에는 노동에 해당되지만 여가가 될 수도 있다. 반면 직업 능력을 보완하기 위해 야간강좌를 들을 경우 여가가 될 수도 있지만 노동과 관련되기도 한다. 가족과 함께 하는 식사는 생물학적으로 유지하는 데 필요한 시간이기도 하지만 즐거운 외식은 여가활동의 하나가 되기도 한다. 이와 같이 노동과 관련이 있거나 활동이 자의가 아닌 타의에 의해 선택된 경우 이론상 순수한 여가로 보기 어려운 경우가 있다. 듀마제디어(Dumazedier)는 이를 'semi-leisure(준여가, 반여가)'라고 하였다(서태영 · 차석빈, 1996: 29).

2) 활동으로서의 여가

활동으로서의 여가는 시간이 아니라 활동에 의해 여가를 정의하는 경우를 말한다. 시간은 여가를 정의하는 데 필요한 부수적 요소가 된다. 듀마제디어(Dumazedier), 윌슨(Wylson)은 활동으로서의 여가를 강조하는 가장 대표적인 학자에 해당한다.

듀마제디어(1967)는 휴식, 기분 전환, 자기 개발을 중심으로 여가를 정의한다. 듀마제디어에 따르면, "여가는 일, 가정, 사회의 의무로부터 벗어나 휴식을 취하고,

기분 전환을 하며, 지식을 증가시키고, 자발적인 사회 참여와 능력을 수행하려는 의지를 갖는 활동이다(Dumazedier, 1967; Maclean et al., 1985: 5-6)"라고 정의한다. 그러면서 듀마제디어는 여가가 아닌 활동을 다음과 같이 제시한다(Dumazedier, 1967; 中島 역, 1976: 16; 김경철, 1994: 15).

- 직업상의 업무
- 보조적 업무
- 가사일(가사, 가축이나 정원을 돌보는 일, 이 외의 잡다한 가사)
- 식사, 목욕, 수면 등과 같이 인간 생존에 필요한 활동
- 제사, 기념행사, 그리고 사회적 · 종교적인 행사
- (학습회, 직업상 시험 등) 필요에 의한 공부나 연구 활동

윌슨은 "여가란 노동, 가정, 사회 및 기타 의무가 있으면서, 자기의 의지대로 할 수 있는 활동일 뿐 아니라 휴식, 회복, 오락, 자기실현, 정신적 재생, 지식의 향상, 기술의 개발, 사회활동의 참여를 갖게 해주는 기회"로 정의한다.

이들에게 있어 여가는 단순한 자유시간 만이 아니라 거기에서 무엇인가 채워지지 않으면 안 되는 '풍부한 사건(eventfull)'이다. 또한 '여가는 허락되는 것이 아니라 이루어져야 하는 기회이며, 이를 대하는 주체가 자기선택에 의하여 활동하는데 쓰여야 하고, 자기달성을 위한 제 가치를 실현하여 인간과 여가가 함께 구원함을 받아야 하는 것'이다(이종각 · 김홍록, 1980:22).

카플란(Kaplan)은 다음과 같은 여가의 본질적 요소를 제시하면서 '활동으로서의 여가' 개념에 동의한다(Kaplan, 1960: 22; Neulinger, 1981: 7).

- 경제적 기능으로서 일과 반대되는 것

- 즐거운 기대와 회상
- 비자발적인 사회 역할 의무의 최소화
- 자유에 대한 심리적 인식
- 문화적 가치와 밀접한 관련성
- 비절차적이면서 중요성이 덜어지는 영역에서 무게감 있고 중요한 영역을 포함
- 종종, 그러나 필요한 것은 아니지만, 놀이의 요소에 의해 특징지어지는 활동

3) 의식으로서의 여가

의식으로서의 여가는 시간도 아니고 활동도 아닌 마음의 상태를 의미한다. 즉 여가는 어떤 활동을 통한 '심적인 상태' 또는 '마음의 변화'를 말한다. 이 개념은 고대 아리스토텔레스에 의해 대표되는 고전적 견해로서 그라지아(de Grazia), 피퍼(Pieper) 등의 학자에 의해 주장되었다(김경철, 1994:11).

그라지아(1962)는 여가가 '스스로 이루어지는 활동 속의 심적인 상태'(de Grazai, 1962; Maclean et al., 1985: 5)라고 정의한다. 여가를 고귀하게 사용하는 것은 인간생활의 성패를 좌우하는 매우 중대한 것으로 여긴다. 그리고 그라지아는 여가와 자유시간을 엄격히 구별한다. 인간에게 자유시간이 있다고 하여도 그것이 곧 여가는 될 수 없다는 것이다. 진정한 여가는 아리스토텔레스의 말대로 명상, 예술의 추구 등과 같이 심오한 경지를 말한다. 그러나 그라지아는 이러한 경지를 맛볼 수 있게 사용할 줄 아는 사람은 많지 않다고 하였다(김경철, 1994: 11-14). 이러한 그라지아의 주장은 자유시간의 증대(노동시간의 단축)가 곧 여가시간의 증대를 의미하는 것이 아니며, 소득의 증가가 여가비용의 증가를 그대로 반영하는 것은 결코 아니라는 것을 반증한다. 즉 여가는 여가에 대한 개인의 의식 상태와 필요성, 경험성의 정도, 가치관과 생활양식, 그리고 집단적 · 사회적 현상과 환경적인 지배 조건 및 수준에

따라서 달라질 수 있다(강남국, 1999: 39).

피퍼(1998) 또한 의식으로서의 여가를 주장한다. 그에게 있어서 여가는 철학적이며 종교적인 것과 관련을 갖는다. 첫째, 피퍼는 여가가 서구 유럽 문명의 기초중 하나라는 점을 강조한다. 여기서 여가는 아리스토텔레스의 여가 개념 '여가에 있기 위해서는 여가에 있는 것이 아니다' 를 말한다. 이는 피퍼 또한 아리스토텔레스의 여가 개념을 반영하고 있음을 의미한다. 기독교의 명상 생활(contemplative life)은 아리스토텔레스의 여가 개념에서 만들어진 것이라는 그의 견해는 이를 잘 나타낸다(Pieper, 1998: 5-6). 둘째, 활동(acitivity), 노력(effort), 기능(function)으로서 여가 개념을 일일이 비판하면서 '의식의 상태(condition of the soul)'로서의 여가를 강조한다. 피퍼에게 있어 여가는 현실을 받아들이는 준비에 필요한 고요한 형태로서 영적인 힘이며 신의 은총을 받은 상태인 것이다(Pieper, 1998: 27-36). 셋째, 여가의 심장은 은총과 축제이다. 은총과 축제 속에서 개인은 휴식(relaxation), 힘이 들지 않는 것(effortlessness), 여가에 있다는 우월성 등이 하나의 형태로 된다(Pieper, 1998: 50-60).

4) 사회계급으로서의 여가

베블렌(Veblen, 1934)은 여가계급의 존재를 제시한 대표적인 학자이다. 베블렌에 의하면, 상류층은 노동으로부터 면제를 얻었고 여가라는 최상의 힘을 가진 반면, 노동을 통해 생산을 해야 하는 하류층은 여가를 소유할 수 없었다. 더군다나 상류층은 상류층의 경제적 명성을 나타낼 수 있는 편리한 수단으로서 여가를 소유하고 이를 과시하게 된다. 이러한 상류층의 과시적 여가를 보면서 하류층은 상류층의 여가는 아름답고 고상한 것, 타인으로부터 존경을 얻을 수 있는 수단, 부분적으로 정신적 치환을 할 수 있는 것으로 여기게 되었다는 것이다(Veblen, 1934: 35-67). 즉 여가는 누구에게나 영위할 수 있는 것이 아니며, 특히 상류층의 과시적 여가는 상류층과 하류층 간의 계급을 구분짓게 하는 수단이 된다는 것을 의미한다.

이는 고대에서 중세사회로 이어지는 여가문화에서도 발견된다. 그리스의 여가는 '노예'와 '자유인'이라는 엄격한 신분사회를 바탕으로 한다. 여가유형도 종교, 학문, 문학, 미술 등 학문적 활동과 정치토론, 웅변, 지도자 선출 등 정치활동, 제우스신을 찬미하는 올림픽과 같은 행사 참여로 이루어졌다. 더군다나 이러한 여가는 자유시민과 남성위주의 지배계급(귀족)만이 가능하였다. 이는 후대의 고급문화옹호론의 바탕이 되기도 하였다 로마는 군중이 참여하는 축제, 혈투(검투사와 검투사, 검투사와 사나운 짐승 간의 목숨을 건 싸움), 전차경기, 거대한 욕탕에서 벌어지는 성적 향락 등 사치, 소비문화, 음란하고 퇴폐적인 향락문화였다(오순환, 1999: 29-31; 이종각 · 김홍록, 1980: 17-19).

중세사회 또한 유사한 형태를 보인다. 사치와 향락에 대한 경계를 강화하며 세속적인 향락을 경외시하였지만 다양한 계층이 그들만의 독특한 여가문화를 형성하는 시대이기도 하다. 성직자들은 음악, 미술, 연극, 문학 등의 순수 창작활동을 비롯하여 철학과 과학에 이르는 폭넓은 여가에 참여하였다. 영주와 귀족 그리고 기사 등 상류계급은 왕족과 귀족이 관전하는 무술시합, 축제, 연회, 수렵, 여행, 도박, 가면무도회, 승마, 음악, 매 사냥, 독서 등 다양한 여가활동을 즐기면서 상류계급만의 독특한 여가문화를 향유했다. 자유인이었던 상공인들은 음악, 골프, 여행 등의 여가생활을 즐기게 되었다. 반면, 피지배계층인 농민은 교회가 인정한 공휴일에 간단한 여가활동과 생일 등에 즐기는 연회와 축하행사에 국한하였다(오순환, 1999: 31-32).

르네상스 시대에는 중세의 금욕에서 인간의 관능을 해방시키고, 종교적 교의로부터 인간의 이성을 해방시켰으며, 교회도 노동과 여가가 함께 필요하다고 인정하였다. 특히 이 시대는 '자기계발과 지적 충족을 위한 수단'으로서 여가를 인식하였다. 왕족, 귀족, 그리고 많은 무역, 상업, 금융업 등의 재력가들이 문학, 연극, 음악,

미술, 발레, 오페라 등에 재정적 후원을 하고 이에 따라 수많은 극장과 오페라하우스 등 다양한 여가시설이 건립되면서 문예 진흥이 이루어졌다(오순환, 1999: 32-33).

5) 총체적 개념으로서 여가

기존의 여가에 대한 정의는 '시간', '활동', '의식' 등 한 가지로 정의를 내리는 형태를 취하였다. 이러한 방식은 여가의 정의를 명확하게 내리는데 어려움을 갖게 된다(Neulnger, 1981: 26-33). 그렇다고 단일 정의를 배제하는 것은 아니다. 이 요소들을 모두 포함하는 것이 더 바람직하다는 관점이 나타났으며, 총체적 개념으로서의 여가는 이에 해당한다.

총체적 개념으로서 여가는 기존의 여가 개념을 비판하기 보다는 통합하려는 관점을 가진다. 머피(Murphy), 구데일 · 갓베이(Goodael & Godbey) 등이 가장 대표적인 학자에 해당한다.

머피(1981)는 기존의 여가 정의를 모두 통합시키려는 시도를 한다. 즉, 시간으로서 여가, 기능으로서의 여가, 공간 및 환경으로서의 여가, 총체적 입장에서의 여가들을 살핀 뒤 이들의 입장을 조합하려고 한다(Murphy, 1981: 22).

구데일 · 갓베이(1988)는 생활 방식으로서의 여가를 강조한다. 첫째, 시간(time) 또는 마음의 상태(state of mind)로 정의하는 것을 자제한다. 둘째, 내재적 동기(intrinsic motivation)에 의한 자유가 보장되는 것을 말한다. 이는 문화 또는 물리적 환경에 의해 강제된 자유(freedom from)가 아니라 이들로부터 자유로운 자유(freedom to)를 의미한다. 셋째, 열정(faith)을 기반으로 하는 가치 있는 활동을 수반하는 것이다. 의미 있고 즐거운 삶은 이러한 활동이 학습되고 습득될 때 가능하다(Goodale & Godbey, 1988: 1-14).

CHAPTER 02

여가의 관점

현대 사회에서 심리학, 사회학 등 다양한 영역에서 여가에 대한 접근이 이루어지면서 여가와 관련된 용어 또한 발달하게 된다. 많은 학자들은 개인의 심리적 속성을 중심으로 보는 입장(심리학적 관점), 사회 현상과 연결하는 입장(사회학적 관점), 개인의 여가와 환경 간의 관계에서 발달하는 입장(심리사회학적 관점) 등 다양한 관점에서 여가를 살피고 이와 관련된 용어를 제시한다. 여기서는 각 관점에서 강조하는 용어를 중심으로 살펴볼 것이다.

1. 심리학적 관점

1) 인지된 자유(perceived freedom)

여가 관련 용어에서 인지된 자유는 매우 중요한 용어가 될 것이다. 인지된 자유는 '개인이 느끼는 자유로운 마음의 상태'를 말한다(구본행, 2003). 이는 고전적 여가 개념을 바탕으로 한 의식으로서의 여가 개념과 관련성을 가진다.

구데일과 갓베이(1988)는 자유의 개념을 소극적 자유(freedom from)에서 적극적 개념(freedom to)으로 전환할 것을 제안한다. 기존의 여가 개념은 어떤 구속으로부터 벗어난 소극적 자유(freeomd from)를 의미하는 반면, 적극적인 자유(freedom to)는 자신이 하고 싶은 것을 할 수 있는 능력을 말한다. 적극적 자유가 보장되기 위해서는 돈, 시간, 기술 등의 자원이 필요하다. 이 중 사회적, 인지적, 신체적 기술은 개인이 활동에 참여하고 만족감을 얻을 수 있는 역량을 얻는데 가장 중요한 필수적 자원이 된다(Goodale & Godbey, 1988: 7).

뉴링거(1981)는 이 개념을 더욱 적극적 개념으로 변화시킨다. 그에 따르면, 인지된 자유는 '자신이 현재 하고 있는 일이 선택(choice)에 의한 것이며 하고 싶기 때문이라고 느끼는 상태'(Neulinger, 1981: 15)라는 것이다. 이는 단순히 어떤 구속에 의해서 자유로운 것이 아니라 스스로의 선택이 보장될 때 여가가 될 수 있는 적극적인 자유의 의미가 담겨 있다.

예를 들어, 함께 쇼핑을 하고 있는 부부를 생각해보자. 퇴근 뒤 부인과 쇼핑을 하고 있는 남편은 내일 아침까지 회사에 중요한 기획서를 제출해야 한다. 쇼핑을 하는 동안에도 남편의 머릿속에는 기획서로 가득 차다. 생각하면 할수록 기획서 내용이 부족하다고 생각한 남편은 빨리 집에 돌아가 기획서를 검토하고 싶은 마음이 간절하다. 이때 남편은 자유로운 시간을 갖고 있지만 의식은 자유롭지 못하기 때문에 진정한 여가로 간주될 수 없다. 남편이 기획서를 모두 제출한 뒤 마음이 홀가분한 상태에서 퇴근 뒤 자유로운 상태에서 부인과 쇼핑을 선택하고 참여할 때에는 여가가 될 수 있다.

2) 내재적 동기(intrinsic motivation)

내재적 동기는 데시(Deci)의 내재적-외재적 동기 이론(Intrinsic-extrinsic motivation theory)에서 나온 용어이다. 데시에 의하면, 인간은 내재적 동기와 외재적 동기 모두에 의해 영향을 받는다(오세진 외, 2001: 318-319).

내재적 동기(Intrinsic motivation)는 스스로에 의해 이루어지는 활동으로 인지된 자유 차원에서 다루어진다. 외재적 동기(extrinsic motivation)는 어떤 물질적 보상을 얻기 위해 이루어지는 활동을 말한다. 여가는 물질적 보상에 의하기보다는 스스로에 의해 이루어지는 특성을 갖고 있어 외재적 동기 보다는 내재적 동기가 더 강하다.

뉴링거(1981)는 자유와 마음의 상태를 기준으로 하여 여가와 비여가를 구분하는 여가 패러다임을 제안하였다. 그에 따르면, 진정한 여가는 인지된 자유와 내재적 동기가 함께 보장될 때 가능한 것이다.

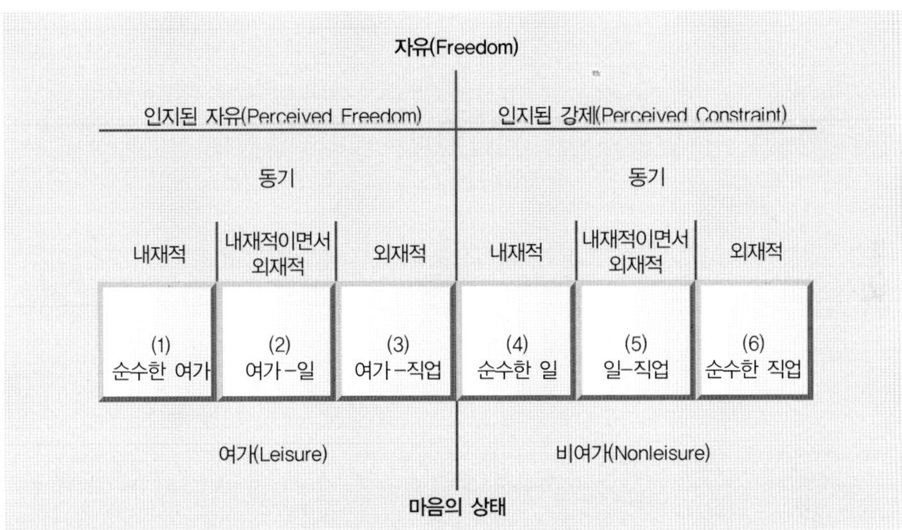

▌그림 2-1▐ Neulinger의 여가 패러다임

출처: Neulinger, J. (1984). *The Psychology of Leisure*, p. 18.

예를 들어, 부모가 아이에게 "네가 좋아하는 장난감을 사주겠다."라고 말하면서 함께 쇼핑을 하는 것을 제안하면 이는 장난감이라는 물질적 보상을 통해 아이의 행동을 일으키는 것이 되므로 외재적 동기에 해당할 것이다. 반면, 아이가 부모와 함께 하기를 원하기 때문에 함께 쇼핑할 것을 결정하고 행동을 하게 된다면, 이는 내재적 동기가 될 것이다.

3) 몰입(flow)

몰입은 삶이 고조되는 순간에 물 흐르듯 행동이 자연스럽게 이루어지는 느낌을 말하는 것으로 '몰아일체의 상태', '무아지경' 상태를 말한다(이희재 역, 1997: 45-50). 즉 다른 어떤 일에도 관심이 없을 정도로 지금 하고 있는 일에 푹 빠져 있는 상태를 말한다. 이때의 경험 자체는 매우 즐겁기 때문에 개인은 즐거운 경험을 얻기 위해 어지간한 고생도 감내하면서 그 행위를 하게 된다(최인수 역, 2004: 29).

몰입은 치첸미하이(Csikszentmihalyi)가 강조하는 용어이다. 치첸미하이는 개인이 행복해지기 위해서는 몰입이 전제되어야 한다는 것을 강조한다. 몰입은 최적 경험(optimal experience)으로도 표현된다.

몰입 또는 최적 경험을 강조하는 이유는 이것이 개인의식의 질서를 잘 잡아주어 자기(self)를 통합하는 데 도움을 주기 때문이다. 즉 최적 경험을 하면서 개인은 자신의 사고, 의도, 감정, 그리고 다른 모든 감각들을 하나의 목적에 집중하게 된다. 이러한 집중된 경험이 서로 조화를 이루게 되면 개인은 그 과정 속에서 다른 사람과 다른 스스로 유능하고 특별한 존재로 생각하게 되며 또한 세상과 합치(다른 사람 또는 다른 아이디어들과 합하려는 것)하려고 한다. 여기서 스스로 유능하고 특별하다고 생각하는 것을 분화라고 하며, 세상과 합치하려는 것을 통합이라고 한다. 이러한 분화와 통합이 성공적으로 결합할 경우 개인은 복합적인 자기로 발전하게 되면서 지금 현재의 삶을 즐겁게 만들게 된다. 또한 자신감을 향상시킬 뿐만 아니라 궁극적으로는 인류 전체에 공헌할 수 있으면서 행복해진다는 것이다(최인수 역, 2004: 85-91).

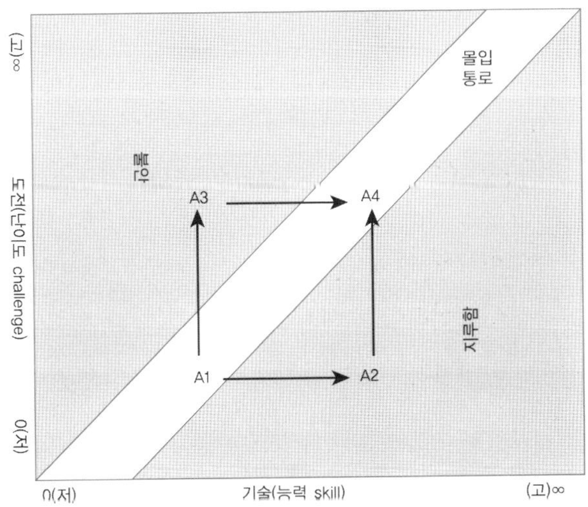

▮그림 2-2▮ 몰입

출처: Csikszentmihalyi, M. (2012). 몰입. 최인수 역, p. 146.

예를 들어, 사물놀이 연주를 생각해보자. 사물놀이 연주자는 관중에게 즐거움을 주려는 목적의식을 갖는다. 그리고 자신의 모든 것을 목적의식에 집중하면서 연주를 해야 한다. 연주가 끝난 뒤 연주자는 자신의 모든 것을 투영한 결과 관중들이 즐거워하는 것을 확인하게 된다. 자신의 연주 능력에 감탄하고 관중에게 즐거움을 주었다는 평가 속에 자신감을 가지며 더욱 관중과 함께 하려고 한다.

그럼 몰입이 되기 위해서는 어떻게 해야 하는가? 몰입은 아무런 노력 없이 생기는 것이 아니다. 많은 노력을 통해 이루어지는 것이다(최인수 역, 2004:28). 구체적으로 살펴보면, 다음과 같다.

- 적절한 대응을 요구하는 일련의 명확한 목표가 있어야 한다.
- 피드백의 효과가 빨리 나타난다.
- 쉽지 않지만 그렇다고 매우 버겁지도 않은 과제(도전, challenge)를 개인이 극복할

수 있는 자신의 실력(기술, skill)을 온통 쏟아 부울 때 나타난다.

5) 긍정의 힘(positive power)

긍정의 힘은 긍정심리학에 바탕을 둔 개념이다. 긍정심리학은 1998년 셀리그만(Seligman)에 의해 시작된 심리학 분야로서, 병리 중심의 관점을 탈피하고 인간의 밝은 마음과 행복을 중시한다.

셀리그만은 6가지의 미덕을 발견하고 이를 실천할 수 있는 방법(강점) 24가지를 배정한다. 개인이 이러한 미덕과 강점을 파악하고 계발한 뒤 일, 사랑, 자녀 양육, 여가 활동 등 주요 일상 활동 속에서 이를 활용하고 몰입을 하게 되면 큰 만족과 참된 행복을 얻을 수 있다(김인자 역, 2006: 190-241)고 하였다.

또한 행복해지기 위해서 개인은 즐거운 삶(pleasant life), 적극적인 삶(engaged life), 의미 있는 삶(meaningful life)을 살아야 한다. 여기서 즐거운 삶이란 과거의 삶에 대해 수용과 감사를 통하여 만족감과 흡족함을 느끼고, 현재의 삶 속에서 '지금 이 순간'의 체험에 대한 적극적 참여와 몰입을 통해 유쾌함과 즐거움을 경험하며, 미래의 삶에 대해서는 도전의식과 낙관적 기대를 통해서 희망감과 기대감을 느끼며 살아가는 삶을 말한다. 적극적인 삶은 매일의 삶에서 자신이 추구하는 활동에 열정을 갖고 참여하며 몰입함으로써 자신의 성격적 강점과 잠재력을 최대한 발휘하며 자기실현을 이루어 나가는 삶을 말한다. 의미 있는 삶은 자신만을 위한 이기적인 삶보다는 자신보다 더 커다란 어떤 것을 위하여 공헌하고 있다는 인식을 갖는 삶을 말한다(이태연, 2012: 241).

카루더스와 후드(Carruthers & Hood, 2004)는 긍정심리학을 바탕으로 한 치료레크리에이션 개입의 필요성을 강조한다. 치료레크리에이션이 클라이언트의 신체적, 심리적 안녕감에 의미 있는 기여를 하기 위해서는 개인의 놀이, 레크리에이션, 여가능력을 강화해야 하는데, 이를 위해서는 즐거움과 긍정적 정서, 최적화, 합동 능력의 정체성, 자치, 긍정적 관계, 몰입 경험, 타인에게 서비스를 제공할 수 있는 계획 및 개입이 이루어질 때 가능하다(Carruthers & Hood, 2004).

2. 사회학적 관점

사회학에서 여가에 대해 관심을 갖기 시작한 것은 1950년대 이후부터라고 볼 수 있다. 1950년대 유럽과 미국 사회학은 여가에 대한 깊은 관심을 보이며 연구 주제로 채택하게 된다. 유럽은 국가 간 비교조사 연구를 통해 여가의 실태를 파악하는 데 중심을 둔다. 미국은 사회 생산력 증대에 따른 '가처분소득'과 '자유시간'의 증대 속에 '소비주의'와 연결하는 형태를 갖게 되며, 이 과정 속에서 '일상생활의 사회학'은 여가를 중요한 연구 영역으로 편입하게 된다. 스탈린 시대 이후 소련과 동구권에서도 여가에 대한 학문적 관심은 증가하게 된다. 특히, 체코의 필립코파(Filipcopa)는 '삶의 질' 문제 해결을 위해 '소외 문제와 여가'를 연결할 것을 주장한다(김문겸, 1993: 19-26).

1) 생활 만족도(life satisfaction)

여가가 '일상생활'에서 중요한 영역으로 발전하게 된 것은 미국의 강단사회학(academy sociology)의 역할을 빼놓을 수 없다. 듀마제디어(Dumazedier), 버츠(Burch), 카플란(Kaplan), 켈리(Kelly), 뉴링거(Neulinger), 로버츠(Roberts), 파커(Parker) 등 강단 사회학자들은 실증적 조사연구 방법을 활용하여 '생활 만족도'와 '여가경험의 본질'

을 규명하는 데 많은 노력을 하게 된다. 이들은 자본주의 사회의 현존 체제 내에서 여가설비를 개선하고 여가경험의 질을 향상시키는데 초점을 둔다. 이들에게 있어 제국주의나 자본주의 체제 자체의 문제로 여가 현상을 바라보는 시각은 존재하지 않기 때문에, 여가, 소득 등과 같은 사회자원과 기회 배분에 있어서 정치적 · 경제적 영향은 주요 논의의 대상이 되지 못한다. 오직 이들의 관심은 첫째 상업적 활용을 위한 자원으로서 가치평가, 둘째 증대된 여가시간을 바람직하게 활용하기 위한 전문화된 교육 프로그램의 개발, 셋째 범죄를 비롯한 각종 사회의 파괴행위를 해소시킬 수 있는 사회통제 수단으로서의 역할에 집중되어 있다 그리고 기술적 · 경제적 변화에 따라 발생하는 여가가치 및 여가관행의 변화에 대해 여가정책이 부합해 줄 것을 끊임없이 강조한다(김문겸, 1993: 29).

그러나 로젝(1995)은 '여가의 역설(paradigm)'을 제시하며 근대 이후 여가의 강조가 오히려 여가 참여를 방해하는 장애요인이 된다는 것을 강조한다. 그에 따르면, 여가는 자유(freedom), 선택(choice), 도피(escape), 삶의 만족도(life-satisfaction)와 연계되며 이는 서구 문명에서 실현가능한 유토피아로 여겨진다. 그러나 이것은 오히려 여가가 잡힐 듯 하면서 잡히지 않는 것으로 느껴지게 된다. 오랫동안 자유, 선택, 삶의 만족감을 얻기 위한 갈구에도 불구하고 새로운 여가의 덫에 걸린, 참여하지 않는 의무와 고리라는 점을 발견하게 된다는 것이다. 그래서 오히려 여가에서 벗어나는 것(decentring leisure)이 여가를 통한 자유, 선택, 도피, 삶의 만족도에 대한 근대주의의 부담으로부터 해당될 수 있다고 하였다(Rojek, 1995: 188-192).

어쨌든, 강단사회학이 이룬 성과는 첫째 생활주기(life cycle)에 따라 개인의 소비와 여가가 어떻게 변화해 왔는가를 밝혔고, 둘째 여가와 관련 요인들(특히, 소득, 재산, 직업, 성별, 교육, 종교, 인종 등) 간의 관계를 계량화시켜 왔다는 것이다(Kaplan, 1975: 89-105; 김문겸, 1993: 29).

이는 국내 연구에서도 나타나고 있다. 남은영 · 최유정(2008)에서 교육과 소득수준이 높을수록 여가활동의 빈도와 범위가 넓어졌으며, 여가활동의 다양성과 빈도가 커질수록 여가만족도가 증가한다는 것이 발견되었다. 또한 이는 다른 요인들보다 가장 큰 영향력을 행사하는 것으로 나타났다. 이는 교육과 소득수준에 따라 여가활동에 차이가 발생하며 이는 여가 만족도에도 중요한 영향력을 제공한다는 것을 의미한다(남은영 · 최유정, 2008: 57-84).

장애아동을 가진 가족의 여가 연구(정준구, 2010)에서도 유사한 결과가 발견되었다. 소득이 높고 장애자녀가 있는 가족은 비장애자녀의 여가활동과 유사한 측면을 보이고 있었다. 반면, 소득이 낮고 장애자녀가 있는 가족은 여가활동에서 큰 격차를 보이고 있는 것으로 나타났다. 이는 장애자녀가 있는 가족의 경우에도 소득에 따라 여가활동에 차이가 발생할 수 있음을 보여준다(정준구, 2010: 199-219).

이와 같이 교육 및 소득 수준은 여가활동과 관련성이 높은 변수로 볼 수 있다. 또한 여가활동이 개인적 차원만이 아니라 사회경제적 요소도 함께 포함될 때 더욱 보장될 수 있으며 생활 만족도 향상에도 관련된다는 것을 알 수 있다.

2) 여가 불평등(leisure inequity)

여가 사회학의 또 다른 입장은 강단사회학을 비판하거나 '여가 불평등'에 관심을 갖는 것이다.

마르크스(Marx)를 비롯하여, 프랑크프루트학파, 알튀세, 그람시(Gramsi) 등 마르크스 학파는 여가의 부정적 기능을 지적한다. 이들은 여가활동이 자본주의 권력 하에서 노동자계급을 종속적 위치로 복속시키는 것으로 보았다.

반면, 여가, 소득 등과 같은 사회자원과 기회 배분에 있어서 정치적 · 경제적 영향을 주로 다루는 입장은 '구별짓기'에 관심을 갖는다. 이들은 여가가 사회계급을 구분하는 데 중요한 역할을 하며 이 과정에서 계급 간 불평등이 발생한다는데 동의를 한다.

일찍이 베블렌(Vevlen)은 미국 귀족의 과시적 여가를 지적하였다. 그에 따르면, 여가계급의 의무 중 하나는 고급스러운 것과 저급한 것을 어느 정도 섬세하게 구분하고, 고급스러움에 고상한 예절과 생활 방식을 부과하여 과시적 여가와 소비를 하는 것이다. 이는 곧 여가계급으로서의 명성을 얻는 방법이 되며, 이러한 과정 속에서 계급 간 분화가 일어나고 동시에 일정한 위계와 등급 체계가 정교하게 발생된다. 그리고 세련미의 세습은 더욱 이를 강화하게 된다(Veblen, 1934: 68-101).

부르디에(Boudier)는 프랑스 부자들이 자신만의 여가 공간을 만들고 자신의 여가와 그렇지 않은 사람과 구분짓는 것을 지적하였다. 즉 부자들은 귀족계급의 상징으로서 여가를 만들고 귀족 자신과 평민 또는 빈곤계급과 구분하려 한다는 것이다.

김경철(2001) 또한 자본주의 사회에서 계급 간 배척과 연대는 존재하며 여가는 이를 결정하는 데 중요한 역할을 한다(김경철, 2001: 1-23)고 하였다. 예를 들면, 승마, 사교클럽, 고급 예술품의 경매와 같은 여가활동은 귀족계급과 빈곤계급 간의 구분을 확인할 수 있게 한다.

3. 사회심리학적 관점

개인의 행동은 개인의 의식과 동기에 의해서만 이루어지는 것은 아니다. 또한 여가 환경이 조성된다 하더라도 개인이 이를 활용할 수 있는 능력이 결여되어 있을 경우 여가 환경은 그저 바라봐야 만하는 대상에 불과하다. 예를 들어, 매우 짜릿한 경험을 제공하는 놀이시설은 여가의 재미를 제공하는데 적절한 환경 체계에 해당하지만, 노인의 신체 및 심리 체계에서는 매우 위험한 도구에 불과하다. 이런 상황에서 노인에게 놀이시설 이용을 권장한다하더라도 노인이 시설을 이용하려는 동기 및 참여는 어려워지게 된다. 만일 노인에게 적절한 놀이시설이 되기 위해서는 노인의 신체적 및 심리적 체계에 적합한 놀이시설일 때에 가능하다.

일찍이 레빈(Lewin)은 개인의 특성과 심리적 환경 간의 함수에 의해서 개인의 행동이 이루어진다는 "B=f(P,E)" 함수 관계를 제시했다. 이는 개인의 특성과 환경 간의 관계 속에서 이에 걸맞은 행동이 일어난다는 것을 의미한다(박병기, 1998: 21-33).

여가 또한 개인의 특성을 비롯하여 주변 환경간의 관계 속에서 이루어지게 된다. 여가 사회심리학은 바로 사회 상황 속에서 개인의 여가행동과 경험을 과학적으로 연구하는 데 추점을 맞추어 왔다. 즉 각 개인이 사회 상황(타인, 집단, 조직, 문화 체계 등) 속에서 어떻게 인식하고 이해하며, 어떻게 배우고, 그 속에서 얻은 특정 경험을 기억하며, 평가하는가에 따라 여가행동과 관심은 차이를 갖게 된다. 따라서 개인이 여가에 참여하고 만족감을 얻기 위해서는 개인의 특성과 환경 간의 상호작용이 적절하게 이루어져야 한다(Mannell & Kleiber, 1998: 5-28).

1) 여가 사회화(leisure socialization)

사회화는 개인이 속한 사회적 집단에 그 구성원으로 자연스럽게 동화되는 과정으로 그 안에서 통용되는 사회적 기대, 관습, 가치, 신념, 역할, 태도 등을 배우는 것을 말한다(이준우 외, 2011: 28).

여가사회화는 여가와 관련된 사회화로서, 사회적으로 관련되어 있거나 심리적 보상에 따르면서 기초적인 여가 지식, 태도, 가치, 기술 그리고 동기가 학습되고 내재화 되는 과정이다(Iso-Ahola, 1980: 132). 아버지와 함께 영화관에서 영화를 관람할 때 자녀는 영화 표 구매하는 방법, 영화 관람에 필요한 예절, 영화 본 뒤 영화에 대해 토의하는 등을 학습하게 되고 이는 성인에 이르기까지 반복되면서 영화 관람을 여가목록에 포함시킨다.

사회화는 아동기에서 출발하며 생애동안 그 과정은 계속 진행된다. 여가사회화 또한 아동기에서 출발하며 노년기에 이르기까지 그 과정은 계속 진행된다. [그림 2-3]은 생애동안 발달단계별 여가목록 상황을 보여주고 있다.

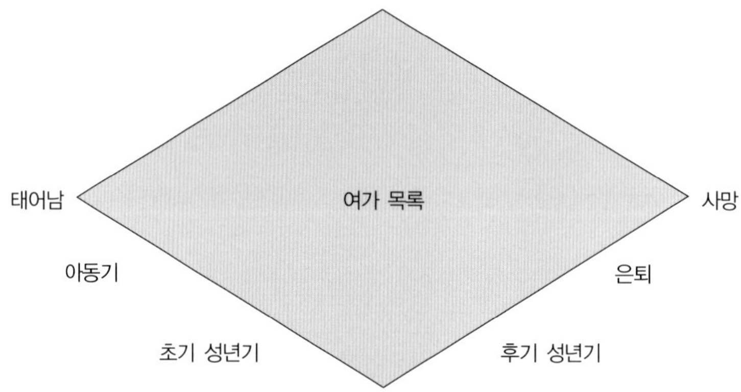

▍그림 2-3▍ 여가와 레크리에이션 발달 단계

출처: Iso-Ahola, S. E. (1980). *The Social Psychology of Leisure and Recreation*, p. 174.

2) 아동기의 여가 사회화

아동은 생후 1개월 뒤부터 단순한 재미를 위해 자기 신체의 일부를 이용하여 반복적인 여가활동을 시작한다. 생후 1년 동안 감각운동놀이(연습놀이), 대물놀이(장난감을 갖고 놀기), 상징놀이(가상놀이)를 하게 되는데 연령이 증가하면서 놀이의 양과 질은 많은 발달을 하게 된다(유미숙 외, 2014: 66). 그리고 타인의 행동을 모방(imitation), 모델링(modeling), 그리고 동일시(identification)하면서 많은 것을 학습하게 된다. 특히 부모 등 사회자원은 아동의 여가와 관련된 가치, 즉 좋은 여가와 나쁜 여가를 판단할 수 있는 기본적 가치와 행동 형태를 배우는 데 매우 중요한 역할을 수행한다.

(1) 여가 속 사회화 vs 여가를 통한 사회화

아동기 시절의 여가 활동은 성인에 이르러서도 동일한 양식의 활동으로 연결되기도 하지만, 신비롭고(novelty) 다양한 여가활동을 탐색하면서 변화를 촉진하기도 한다. 이때 그 여가활동이 자신에게 최적의 경험이라는 깨달음(optimal arousal)을 주는지 아니면 적합하지 않은지(incongruity)에 따른 욕구는 새로운 활동을 자신의 여가형태에 포함시키는데 영향을 미치게 된다.

외부 환경 자극은 더욱 새로운 여가활동을 탐색하는 능력을 향상시킨다. 가족(부모), 준거집단(또래) 등 사회자원은 아동이 자신에게 최적의 경험과 적합한 여가활동을 탐색하고 변화를 초래하는 데 중요한 영향을 미치게 된다. 예를 들어, 여자 아이가 축구공을 찰 때 부모가 이를 해서는 안 되는 행동으로 규정하고 아이에게 잘못된 행동으로 지적할 경우 여자 아이는 축구공을 차는 행위가 자신에게 어울리지 않는 것으로 받아들이게 되며 곧 축구공을 차는 행동을 중단하게 된다. 반면, 부모가 여자 아이의 축구공을 차는 행동에 대해 칭찬을 할 경우 여자 아이는 자신의 행동에 자신감을 갖게 되고 긍정적으로 수용하면서 행동을 강화하게 된다. 그리고 자신이 축구공을 찰 수 있는 능력이 있는 것을 확인하면서 아이의 인지된 역량(perceived competence)은 향상된다. 즉 아이의 행동과 부모의 영향은 아이 자신의 인지된 여가 역량을 강화하게 되고 여가의 다양성과 변화에 중요한 열쇠가 된다(Iso-Ahola, 1980: 131-145).

이렇게 아동이 생활 속에서 여가를 선택하고 행동하며 경험을 하는 데 영향을 미치는 동기, 태도, 가치, 그리고 기술들을 습득하는 과정을 '여가 속 사회화'라고 한다. 이때 부모, 형제, 교사 등은 다양한 정도에서 영향을 미치는 사회자원이 된다. 반면, '여가를 통한 사회화'는 문화혁신(culture innovation), 사회연대(social solidarity), 그리고 개인발달(personal development)에 필요한 가치 있는 자원으로서 여가를 인식하는 것을 말한다(Mannell & Kleiber, 1998: 225-229).

(2) 환경의 영향

아들러(Adler, 1998)는 아동의 생활양식에 미치는 환경체제로 부모, 학교 교사를 제시한다. 부모의 양육 방식과 학교 교사의 교육관은 아동의 성격 발달에 중요한 영향을 미친다는 것이다(Adler, 1998: 97-145). 이는 아동의 여가에도 그대로 반영될 수 있다.

첫째, 부모의 양육 방식은 아동의 여가에 직접적 영향을 주며 생애동안 습관과 형태에 영향을 미칠 수 있다. 마넬과 클라이버(Mannell & Kleiber, 1998)는 부모의 양육방식과 아동의 여가 간의 관계를 설명한다. 부모의 권위주의적 양육은 아동에게 의사결정 기회를 제한하고 자신의 뜻에 아동이 순종하도록 하게 되는데, 이는 자기 주도적인 여가 활동 수행 능력을 억제하게 한다. 방임적 양육 방식은 아동에게 지나친 자유 기회를 제공하고 아동의 능력을 지나치게 과잉 평가하는 형태인데, 이럴 경우 아동은 오히려 스트레스에 놓이게 되고 궁극적으로 여가의 긍정적 경험 및 이점을 저해하게 된다. 민주주의적 양육 방식에서 부모는 아동에게 의사결정 기회를 주면서도 제한과 지침 그리고 어느 정도의 지침을 제공한다. 이럴 경우 아동은 자신감과 자신에게 잠재성이 충분히 있다는 것을 깨닫게 한다.

둘째, 아동은 또래와 함께 여가에 참여하면서 공유된 놀이에 대한 매우 강력한 동기를 갖게 된다. 이는 연령이 높아질수록 더욱 사회적 맥락에서 경험하려는 동기를 제공하게 된다.

셋째, 유치원의 교과과정, 학교의 교과 외 활동, 지역사회 레크리에이션 기관은 아동의 인지 및 사회 능력을 키우고 친구와 함께 참여하고 향후 삶에 필요한 가치를 배울 수 있는 기회를 제공한다. 또한 또래와 비교하고 실험하면서 존중 기술이 발달할 수 있는 기회를 찾게 한다. 이는 목표를 세우고 실패해도 유지하는 중요한 성취 형태를 학습하고 자신의 역량감을 형성하는 상황을 갖게 된다(Mannell & Kleiber, 1998: 229-235).

3) 청소년기의 여가 사회화

(1) 여가와 과업

청소년기는 자신을 독특하면서도 타인과 구분하려는 정체성을 형성하는 시기에 해당한다. 이러한 정체성을 형성하는데 여가는 현저한 역할을 수행한다. 청소년은 자신만의 삶을 만들고자 하는 열망을 여가로 반영하는데 이때 여가는 자신만의 특별함을 분명하게 하는 데 도움을 준다. 그리고 이를 통해 청소년은 아동기 시절에 경험했던 즐거움 형태와 내적 흥미가 성인에서 구조화되고 요구되는 활동에서도 찾을 수 있다는 것을 알게 된다. 이들에게 여가는 도구(instrumental)이며 진지한(serious) 것이 된다.

청소년에게 여가와 레크리에이션은 다양한 의미를 갖는다. 첫째, 사회 접촉, 발달, 성취 기회를 기를 수 있는 사회 제도가 될 수 있다. 둘째, 휴식을 취할 수 있는 쉼터와 다양한 역할과 행동을 실험할 수 있는 안전 지역이 될 수 있다. 셋째, 특히 균형 있는 여가는 과도기를 감소시킬 수 있다. 넷째, 청소년은 광범위한 활동을 시도하는 것을 즐긴다. 따라서 여가 서비스 제공자는 청소년을 가장 능동적인 인구집단으로 인식할 필요가 있으며, 특정 장소, 특정 사람, 특정 활동으로 여가를 묶기보다 유동적이면서 다양하고 비교할 수 있는 프로그램을 제공하는 것이 필요하다 (Bammel & Burrus-Bammel, 1982: 285-289).

(2) 여가와 비행

청소년기는 성인의 여가를 학습하는 기회의 시기이도 한다. 청소년들은 성인의 여가를 자신의 여가로 만들려는 시도를 하게 된다. 예를 들어, 흡연, 음주, 도박 등 성인기에 수행해야 할 여가를 청소년들은 시도하기도 한다.

청소년기의 여가와 관련하여 쟁점이 되고 있는 것이 컴퓨터 게임이다. 자유시간이 많은 청소년은 성인에 비해 컴퓨터 게임을 하는 경향이 많다. 특히 남자가 여자에 비해 매우 높게 나타나고 있으며 '컴퓨터 중독'에 대한 우려를 갖는다. 그러나 실제 '중독' 수준으로 판정되는 경우는 6~20% 수준으로 보고되고 있다. 청소년기의 컴퓨터 게임은 대부분 멀티플레이어 온라인 롤플레잉 게임이 주를 이룬다. 이 게임의 특성은 사회적 상호작용을 갖는다. 온라인상에 있는 상대방과 대화를 하고 때로는 협력과 경쟁을 반복하면서 승패를 결정한다. 또한 게임을 하면서 친구를 사귀고 사회화의 기회를 갖는다(유미숙 외, 2014: 150-154).

청소년들의 문제 행동을 예방하기 위해서는 이들의 여가를 긍정적으로 지원할 수 있는 성인이 필요하게 된다. 학교 교사, 구조화된 스포츠클럽 지도자들은 이를 지원할 수 있는 자원이 될 수 있다.

4) 청년기의 여가 사회화

청년기의 여가활동은 청소년기에 형성된 여가생활을 보다 확대하고 구체화하는 시기이다. 또한 중년기에 비해 여가활동 영역은 확대되며 수준 또한 높아진다. 일상에서 구체적인 행동으로 자신만의 여가생활을 표현하면서 개인은 신체적, 인지적, 정서적, 사회적 기능을 향상시킬 뿐만 아니라 직업생활을 유지하는 데 중요한 역할을 수행한다(Kail & Cavanauch, 2000: 435-438).

이 시기의 여가활동은 대부분 상업적이고 개인 중심의 성향을 가진다. 동성 및 이성 간의 관계, 직업, 그리고 가족으로부터 영향을 받는데, 이성간의 교제는 이를 더

욱 촉진시키는 역할을 수행한다. 그러나 결혼과 동시에 개인의 여가활동은 가족 중심의 여가활동으로 전환되는 변화를 갖게 된다(Bammel & Burrus-Bammel, 1982: 300-308). 자녀의 출생은 더욱 이를 변화시키는 요인이 된다. 결혼 초기 부부 중심으로 이루어졌던 가족여가는 아이의 출산과 양육 과정을 거치면서 자녀를 가족여가에 포함시키며 여가활동 내용도 자녀가 참여할 수 있는 여가활동을 선택하게 된다.

5) 장년기의 여가 사회화

장년기의 여가활동은 매우 광범위하다. 이들의 여가활동은 가족과 함께 이루어지는 경우가 많으며, 그들의 일과도 관련을 갖는다. 또한 운동, 사회 활동, 문화활동, 취미, 그리고 레크리에이션 활동이 지역사회 속에서 이루어진다. 많은 장년들의 여가활동은 가족 속에서 이루어지며, 직장과도 밀접한 관계를 갖는다. 또한 지역사회 속에서 이들은 새로운 지역사회 참여 형태를 이끌어 가며 또한 새로운 지역사회를 만드는데 기여한다(Kimmel, 1974: 264-273).

6) 노년기의 여가 사회화

노인의 여가활동은 타인과 더불어 사는 삶 속에서 인생 전체를 위하여 자신이 만들어가는 창조적 삶의 시간이 될 수 있어야 한다. 그러나 노인의 여가활동은 많은 여가 시간에도 불구하고 활동 범위가 좁아지고, 움직이는 활동보다는 앉아서 하는 활동이 증가되며, 가정 외적 활동보다 가정 내적 활동이 증가하는 경향이 있다(장인협 · 최성재, 1990). 또한 여가활동을 통한 즐거움 보다는 오히려 무료함이라는 문제를 제기하고 이로 인해 정신적 · 정서적 고통을 안겨 주기도 한다(한국임상사회사업학회, 2006).

노인의 여가활동은 사회화 과정에서도 열악함을 보이기도 한다. 대체로 노인의 여가활동에 영향을 미치는 요인은 다차원적 성격을 갖는다. 사회화 과정으로 사회복지기관은 노인의 여가활동에 영향을 주는 요인으로 꼽을 수 있다. 복지기관의 시설 및 설비의 편리성, 접근성, 환경 관리를 비롯하여, 프로그램의 운영 능력, 직원의 전문성과 적극성은 여가활동의 만족도에 중요한 영향을 미치는 것으로 나타났다(배경숙 · 권용신, 2011: 321-340).

CHAPTER 03

여가, 레크리에이션, 놀이의 유사점과 차이점

1. 레크리에이션에 대한 이해

1) 레크리에이션의 정의

레크리에이션(recreation)은 라틴어 'recreato'에서 파생된 것으로 '새롭게 하다(refreshes)', '저장하다(restores)'라는 뜻을 갖고 있다.

고전적 관점에서 레크리에이션은 노동을 위한 단순한 휴식으로서 밖에 별 가치가 없는 것이었다. 그라지아 또한 레크리에이션을 노동을 대비한 휴식(diversion)이나 힘을 축적(restores)하는 것으로 여겼다(Kraus, 1998: 46).

레크리에이션의 개념이 변하게 된 것은 근대 이후라고 볼 수 있다. 많은 학자들은 레크리에이션을 인간의 성장을 위해 그리고 사회 안전을 위해 가치가 있는 것으로 여기기 시작했으며 현대에 들어와서는 더욱 레크리에이션의 범위가 확대되고 기능이 강조되었다.

특히 레크리에이션은 개인에 의해서건 또는 집단에 의해서건 간에 여가 중에 영위되는 활동이고, 그 활동으로 인하여 얻어지는 직·간접적 이득 때문에 강제되는 것은 아니며, 그 활동 자체에 의하여 직접적으로 동기가 주어진 자유롭고 즐거운 활동이다. 따라서 어떤 것이 레크리에이션이고 아니고는 행위자의 동기나 자극에 달려 있다. 만약 동기가 즐거움이고 개인적인 만족이며, 그것을 행하는 것이 그 자체적인 매력을 가지고 있으면 그것은 레크리에이션인 것이다.

크라우스(Kraus)는 '레크리에이션은 일상에서 참여자의 자발적 선택에 의해 여가 내에 이루어지는 활동 또는 경험이다. 이는 만족감, 즐거움, 창조적 풍요로움으로 도출되거나 개인 및 집단 가치로 받아들이게 된다(Kraus, 1998: 37)'라고 정의하였으며, 레크리에이션을 구체적으로 제시한다.

- 육체적, 정신적, 사회적, 감정적 개입을 포함한 활동
- 스포츠, 게임, 공연, 예술, 음악, 드라마, 여행, 취미, 사회적 활동과 같은 매우 넓은 일련의 활동
- 완전히 자발적이거나 외부의 자극에 의해 활동 선택
- 내재적 동기와 개인적인 만족의 성취를 위한 욕구에 의해 자극된다.
- 정신이나 태도의 상태에 상당히 의존
- 잠재적인 바람직한 성과를 가져 온다.
- 파커(Parker)는 '레크리에이션은 여가의 한 기능을 수행하는 활동이다. 자신을 새롭게 하거나 일을 준비하는 것을 의미한다'라고 정의한다(이연택·민창기, 2002: 20).

마이어 · 브라이트빌(Meyer & Brightbill, 1959: 32-37)은 레크리에이션의 특징을 다음과 같이 제시한다.

- 자발적으로 이루어지는 활동이다.

- 단순한 형태가 아니다.
- 동기에 의해 결정된다.
- 비의무적인 시간에 이루어진다.
- 치료로서의 기능을 한다.
- 전체적으로 실행되고 통찰된다.
- 진지하며 목적적이다.
- 유연하다.

이종각 외(1980: 50) 또한 레크리에이션을 '활동'으로서 정의를 내리는 데 동의를 하면서 구체적으로 제시하였다.

- 자유시간에 영위되는 자발적 활동
- 순수한 즐거움을 얻기 위해서 영위되는 가치창조적 활동
- 진실한 자유표현적 활동
- 시공적 제한을 받지 않는 융통 자제한 활동
- 올바른 교육을 통해서 올바르게 육성해야 할 기술적 활동

한편 그레이(Gray)는 레크리에이션의 정의를 활동에 두지 않고 활동에 참가함으로 얻을 수 있는 심적인 영향에 둔다. 그는 "레크리에이션은 어떤 활동이 아니다. 레크리에이션은 활동에서 오는 결과이다. … 활동이 수단은 될 수 있으나 참가자들에게 전달해야 할 모든 것이 될 수 없다. 우리는 레크리에이션에 대한 개념과 그 개선에 더욱 더 많은 관심을 가질 필요가 있다."라고 정의하였다. 이는 레크리에이션이 어떤 형태의 활동이 아니며 활동으로부터 발생하는 심리적인 상태로 보아야 한다는 것을 말한다.

그레이의 레크리에이션에 대한 해석은 상당히 현대화된 개념이라 볼 수 있다. 특히 활동 종목 자체를 의미하는 것이 아니고 활동에 참가함으로 발생하는 심리적 변화가 되어야 한다는 주장은 많은 현대학자들 사이에 관심이 되고 있다(김경철, 1999: 28-29).

2) 사회적 수용성(social acceptability)과 레크리에이션

일부 학자들은 레크리에이션을 정의할 때 '약물 중독'과 같은 것이 과연 레크리에이션이 될 수 있는가에 대해 의문을 가져왔다. 일부 연구자들의 경우 자발적으로 선택하고 즐거울 수 있다면, 레크리에이션이 될 수 있다는 것이다. 반면, 또 다른 일부는 레크리에이션의 사회적 측면을 강조한다. 구체적으로 말하면, 사회적으로 기여할 수 있을 때 레크리에이션 정의가 가능하다는 입장이다. 즉 레크리에이션은 개인 및 사회에 유익하며, 신체적, 심리적, 영적, 정신적으로 창조적 참여가 될 수 있도록 지원해야 하는 것이다. 세금 또는 자발적 기여에 의한 레크리에이션 지원은 바람직하면서도 구조적 결과를 얻는 데 목표를 두고 사회적 가치를 보급할 수 있어야 한다. 이는 레크리에이션이 사회적 욕구와 기대에 부응할 수 있어야 하며 개인 참여에 한정하는 것이 아니라 사회 제도로서 정의될 필요가 있는 것이다(Kraus, 1998: 52-53).

3) 사회 제도로서의 레크리에이션

현대 사회에서 레크리에이션은 점차 의미 있는 제도로서 정의되고 있다. 즉 사회 구조 속에서 레크리에이션이 집단행동 형태로 이루어지면서 많은 전통, 가치, 의사소통 채널, 공적 관계 그리고 다른 제도적 측면을 갖게 되었다.

많은 주요 기관들은 가족, 교회, 다른 지역 사회 제도뿐만 아니라 레크리에이션에도 책임을 갖게 되었다. 공공 및 상업 기관들은 공원, 해변, 동물원, 수족관, 운동장, 기타 스포츠 시설을 운영하고 있다. 또한 병원, 학교, 교정 시설, 그리고 군에서도 조직적으로 제공할 수 있다. 분명 레크리에이션은 중요한 사회 제도로서 발생되었고, 이에 따라 전국 단위의 조직과 대학교(전문대학 포함)에서 레크리에이션 전문가를 준비하는 프로그램을 네트워크로 실시하게 되었다. 점차 레크리에이션은 기업, 산업, 여가 관련 기업에서 영리 추구를 위한 사업으로 확대되고 있다(Kraus, 1998: 52-53).

이러한 변화에는 레크리에이션이 사회 재편성 및 변화를 위한 도구로서도 활용될 수 있다는 인식이 발생한 것에서 볼 수 있다. 즉 중앙정부 및 지방정부, 영리 및 비영리 조직 등이 레크리에이션에 관심을 갖고 투자를 늘리는 것은 바로 사회 재편성 및 변화를 위한 도구로서 레크리에이션 활용이 중요하다는 것을 인식했기 때문이다. 예를 들어, 보이 스카우트를 비롯한 청소년 단체들은 레크리에이션 활동, 시설, 그리고 다른 서비스를 통해 많은 청소년들의 인성을 함양시키고 안내할 수 있는 중요한 사회 기관이 되었다(Edginton et al., 2002: 43-44).

2. 놀이에 대한 이해

1) 놀이의 정의

놀이는 앵글로-색슨어 'plega'에서 파생된 언어로 '게임', '스포츠', '작은 충돌', '싸움', '전투' 뜻을 갖고 있다. 또한 이 용어는 '타격', '공격'의 의미를 갖고 있는 라틴어 'plaga'와도 관련을 갖는다(Kraus, 1998: 25).

놀이는 레크리에이션과 마찬가지로 자유와 만족을 강조하는 개념으로 자유롭고 자발적이며 비예측적인 성격을 가진다. 다만 놀이는 활동 자체에서 만족감을 찾아야 하며, 결과나 목적 지향보다는 활동 과정 또는 활동 그 자체가 주는 즐거움이 중시된다.

2) 놀이의 특성

놀이와 관련하여 영향을 갖는 학자는 호이징가(Huizinga), 카이와(Caillois)를 들을 수 있다.

호이징가는 다양한 문화 속에서 놀이의 특성을 발견하고 인간을 Homo Ludens(놀이하는 인간)로 지칭하였다. 호이징가가 제시한 놀이의 특성은 다음과 같다.

첫째, 놀이는 자유로운 것이다. 본능이나 명령에 의한 놀이는 놀이가 아니다.

둘째, '일상적인' 또는 '실제의' 생활이 아니다. 즉 놀이는 생물학적으로 유지하는데 필요하거나 물질적 이해를 위해 이루어지는 것이 아니라 간주곡 또는 막간극처럼 일상생활에 나타나면서 삶을 가꾸어 주고 확대시킨다.

셋째, 장소의 격리성과 시간의 한계성이다. 즉 제한된 시간과 장소 속에서만 하는 것이다. 먼저 놀이는 저절로 진행되고 저절로 끝나는 시간적 한계성을 가진다. 그리고 이것은 미리 구획되어져 있는 공간, 즉 놀이터 속에서 이루어진다.

넷째, 놀이는 질서를 창조하며 질서 그 자체이다. 놀이는 절대적이며 최고인 질서를 요구하며, 조금이라도 이것이 어긋나면 망치게 된다. 놀이의 특성은 사라지고 무가치해진다.

다섯째, 놀이는 긴장을 해소시키려는 노력이다. 즉 놀이는 어떤 어려운 것을 성취하거나 성공하면서 긴장을 해소하려고 한다(김윤수 역, 1993: 18-24).

그리고 호이징가는 놀이의 특성과 제의, 축제, 신앙, 밀의 등 문화와 비교하며 놀이와 문화 간의 공통점을 발견하고자 노력하였고 놀이가 동물이나 아동의 생활에 나타나는 현상이 아닌 문화의 한 기능이라고 주장하였다. 즉 호이징가는 동·서양의 다양한 문화 속에서 발견되는 대립적이면서도 투기적인 기반이 놀이의 경쟁적 요소(진지한 놀이) 속에서 시작되었음을 주장한다(김윤수 역, 1993: 18-24).

카이와(Caillois)는 호이징가가 놀이를 자유롭고 자발적인 활동이며 즐거움과 재미의 원천으로 정의하는 것에 동의하면서, 다음과 같이 놀이를 정의한다.

- 자유로운 활동: 놀이하는 자가 강요당하지 않는다. 만일 강요당하면, 곧바로 놀이는 마음을 끄는 유쾌한 즐거움이라는 성질을 잃어버린다.
- 분리된 활동: 처음부터 정해진 명확한 공간과 시간의 범위 내에 한정되어 있다.
- 확정되어 있지 않은 활동: 게임의 전개가 결정되어 있지도 않으며, 결과가 미리 주어져 있지도 한다. 생각해 낼 필요가 있기 때문에, 어느 정도의 자유가 놀이하는 자에게 반드시 남겨져 있어야 한다.
- 비생산적인 활동: 재화도 부(副)도 어떠한 새로운 요소도 만들어내지 않는다. 놀이하는 자들 간의 소유권의 이동을 제외하면, 게임시작 때와 똑같은 상태에 이른다.
- 규칙이 있는 활동: 약속에 따르는 활동이다. 이 약속은 일상의 법규를 정지시키고, 일시적으로 새로운 법을 확립하며, 이 법만이 통용된다.
- 허구적인 활동: 현실생활에 비하면, 이차적인 현실 또는 명백히 비현실이라는 특수한 의식을 수반한다(이상률 역, 1999: 25-34).

그리고 카이와는 놀이를 크게 4가지로 분류한다.

- 아곤(Agôn): 이것은 경쟁이라는 형태를 취하는 놀이이다. 반드시 하나의 자질

(스피드, 인내력, 체력, 기억력, 재주, 솜씨 등)만을 대상으로 하는 적대관계로서, 일정한 한계 내에서 외부의 도움을 전혀 받지 않고 행해진다. 개인 대 개인이나 팀 대 팀의 경기(폴로, 테니스, 축구, 권투, 펜싱 등), 불특정 다수의 경쟁자들의 경기(모든 종류의 경주, 사격, 골프, 육상경기 등), 처음에 완전히 똑같은 가치와 똑같은 수의 요소를 갖는 놀이(체커, 체스, 당구 등)가 여기에 해당한다. 출발점에서의 기회의 평등은 분명히 경쟁의 본질적인 원리이며, 급이 다를 경우에는 핸디캡을 붙여서 평등을 확립한다.

- 알레아(Alea): 이는 라틴어로 주사위놀이를 의미한다. 아곤과 정반대로 상대방을 이기기보다는 운명을 이기는 놀이이다. 즉 운명만이 승리를 만들어 내는 유일한 존재이며, 승리란 상대가 있는 경우에는 승자가 패자보다 운으로부터 더 많은 혜택을 입었다는 것을 의미한다. 주사위놀이, 룰렛, 앞이냐 뒤냐, 바카라, 제비뽑기 등이 여기에 해당한다. 우연의 불공평을 없애려고 하지 않으며, 우연의 자의성 자체가 놀이의 유일한 원동력이 된다.
- 미미크리(Mimicry): 이는 개인이 가공의 인물이 되어 그것에 어울리게 행동하는 것으로 성립한다. 다양한 표현을 하는 일련의 놀이들이 여기에 해당한다. 사람은 자신을 자기가 아닌 다른 존재라고 믿거나, 자기나 타인에게 믿게 하면서 논다는 것이다. 어린이들은 소꿉놀이와 같이 어른을 흉내 내며 어른은 연극의 상연과 연기가 이에 해당한다.
- 일링크스(Llinx): 이는 현기증을 추구하는 놀이로서, 일시적으로 지각의 안정을 파괴하고 맑은 의식에 일종의 기분 좋은 패닉상태를 일으키려는 시도로 이루어져 있다. 일거에 현실을 어리둥절하게 하는 일종의 경력, 실신상태 또는 크게 놀라는 상태에 들어가는 것을 말한다. 어린 시절의 미끄럼질, 회전목마, 그네타기, 어른의 경우 왈츠의 회전과 같이 격렬하고 요란스러우며 경련을 일으키는 듯한 많은 몸짓에 이르기까지, 또한 스키, 오토바이, 스포츠카 등 맹렬

한 속도로 달릴 때 유발되는 취한 기분이 여기에 해당된다.

이러한 4가지는 즉흥과 희열의 원초적인 힘 파이디아(paidia)와 이유 없는 어려움을 추구하는 취향 루두스(ludus)가 결합하면서 여러 놀이로 만들어진다(이상률 역, 1999: 35-70).

따라서 놀이는 다음과 같은 특성을 갖는다. 첫째, 즐거움을 추구하는 참가자의 자발적 의사에 따라 행해진다. 둘째, 일상생활 및 시간과 공간으로부터 격리된 놀이공간에서의 탈일상적 행위이다. 셋째, 전통화, 반복화라고 하는 지속성을 가진다. 넷째, 질서 또는 규칙이 놀이집단을 지배한다. 다섯째, 놀이가 끝나면 그 놀이집단은 영구히 내집단(in-group)화하는 특성을 들 수 있다(오순환, 1999: 20-22).

3. 여가, 레크리에이션, 놀이의 유사점과 차이점

1) 여가, 레크리에이션, 놀이의 유사점

오늘날 여가, 레크리에이션, 놀이는 서로 동일한 의미로서 사용되고 있다. 여기에는 이들 개념에 대한 어떤 구체적인 이해 없이 편의에 따라 사용되어 온 것도 있지만, 이들 개념에서 발견되는 유사점이 더욱 영향을 주었을 것이다. 그것은 바로 이들의 특성에서 발견되는 '자발적으로 즐긴다'는 점이다. 독서, 보드게임, 사진촬영 등 각각 형태는 다르지만 각 개인은 이들을 자발적으로 참여하고 즐긴다. 이러한 공통 요소는 이들 개념을 구분하기보다는 동일한 형태로서 받아들이도록 만들게 된다.

2) 여가, 레크리에이션, 놀이의 차이점

그러나 이들 용어의 개념을 살펴보면, 어원이나 의미에서 차이가 발견된다.

먼저, 많은 학자들은 여가를 레크리에이션, 놀이에 비해 상위 개념으로 보는 경향이 높다. 마이어와 브라이트빌(1959)은 '레크리에이션은 여가 시간에 자발적으로 참여하면서 만족감과 즐거움을 얻기 위해 일차적으로 동기화되는 활동'으로 정의한다(Meyer & Brightbill, 1959: 28). 부처 등(1984)은 레크리에이션을 '여가 시간 내에 수행되는 활동'으로 간주한다. 이들에 따르면, "모든 레크리에이션 활동은 여가 동안 수행된다. 동기 또는 정서적 반응을 고려할 때, 활동이 자유 시간 동안 이루어지지 않는다면, 레크리에이션이라고 할 수 없다"라고 밝히고 있다(Bucher et al., 1984: 12). 라이트너(1989) 또한 '레크리에이션은 여가 시간에 이루어지는 활동'으로 정의한다(Leitner, 1989: 13).

이와 같이 레크리에이션은 여가 시간 동안 자발적으로 즐기면서 일상생활에서 오는 육체적, 정신적 피로를 풀고 원기를 회복하는 활동이라고 말할 수 있다. 따라서 육체적 · 정신적 피로를 해소할 목적을 가지고 다양한 활동지향적인 프로그램을 통해 일상생활에 필요한 에너지를 보충하는 과정이라고 정의할 수 있다. 레크리에이션은 계획적이고, 활동적이며, 수단적이라는 내용상의 특징을 가지고 있다. 레크리에이션이 다분히 단속적인 성격을 띤다면, 놀이는 영속적인 성격을 갖는다(오순환, 1999: 20-22). 또한 놀이는 활동 자체에서 만족감을 찾아야 하며, 활동 과정 또는 활동 그 자체가 주는 즐거움이 중시된다.

참여 대상을 기준으로 이들 개념을 구분하는 경향도 있다. 즉 여가는 전 연령층, 레크리에이션은 성인층의 활동으로 보며, 놀이는 아동의 전형적인 활동으로 보는 경향이 있다(조명환 외, 2010: 41).

Therapeutic Recreation

PART 02

치료레크리에이션의 정의

들어가기 전에

치료레크리에이션 전문가는 여가와 레크리에이션 관련 개념을 바탕으로 특수인구집단에게 다양한 여가와 레크리에이션 프로그램을 제공해야 하는 환경체계이다. 즉 특수인구집단의 여가사회화에 치료레크리에이션 전문가 또한 중요한 역할을 한다. 치료레크리에이션 전문가가 자신의 직무와 역할을 수행하기 위해서는 치료레크리에이션에 대한 기본적 개념이 구축되어야 할 것이다. 만일 이 개념이 구축되지 못할 경우 치료레크리에이션 전문가는 직무의 정체성과 전문성을 발휘하기 어렵게 되며 다른 영역의 전문가와의 혼란을 경험하게 된다. 이는 곧 특수인구집단의 여가에도 부정적 영향을 미치게 될 것이다. 따라서 2부에서는 치료레크리에이션의 가치, 정의, 목적, 대상, 장소에 대해 살펴보고자 한다.

CHAPTER 04

치료레크리에이션의 개념

1. 치료레크리에이션의 궁극적 가치

여가는 참여하는 개인의 자아감을 충족시키고 사회와 교류를 촉진시키면서 행복과 만족스러운 삶을 영위하는 데 도움을 준다. 예를 들어, 친구와 함께 커피를 마시며 즐거운 대화를 나누면서 개인은 자신의 모습을 바르게 평가하고 자신감 속에서 더욱 대화에 참여하고 만족감을 가진다. 그리고 이러한 경험은 지속적인 기회를 추구하게 되고 확대하면서 삶을 충족시켜 나가게 된다.

이는 비단 어느 특정 개인에 국한되는 것이 아니라 모든 사람에게 적용될 수 있어야 한다. 대부분 많은 사람들은 여가활동에 참여하면서 삶에 필요한 원기를 회복하고 사회와 교류하면서 행복과 만족스러운 삶을 영위해 나간다.

그러나 특수인구집단은 이러한 활동에 참여하는 데 필요한 능력이 부족하거나, 지식과 기술이 부족하고, 제한된 정보와 기회를 갖고 있는 경우가 많다. 또한 다양한 여가 활동에 참여할 수 있는 환경 체계가 충분히 마련되어 있지 못한 경우도 있다. 이는 사회 구성원으로서의 만족스러운 삶을 영위하지 못하는 데 중요한 장애

요인으로서 작용한다.

우리나라 헌법은 모든 국민의 행복 추구권(제10조)과 평등권(제11조)을 법으로 보장하고 있다. 우리나라 국민이라면 누구나 행복해질 권리가 있으며, 사회적 · 문화적 생활에서 차별을 금지하고 있다. 이는 특수인구집단이 다양한 여가와 레크리에이션 활동에 어떤 차별 없이 동등한 권리로서 참여할 수 있도록 보장되어야 한다는 것을 의미한다. 치료레크리에이션은 이러한 법적 권리를 바탕으로 특수인구집단의 권리를 보장할 수 있도록 노력해야 한다.

2. 치료레크리에이션의 정의

1930년대 초 정신장애인 및 전쟁 후유증 군인을 위한 치료 수단으로 정신병원에서 레크리에이션 프로그램이 실시되었다. 특수인구집단을 위한 레크리에이션 프로그램이 적용되는 계기가 마련된 것이다. 이후 지역사회에 있는 생활시설 이용자의 사회적 욕구를 충족하기 위한 프로그램으로 확산되면서 레크리에이션의 치료적 가치가 발견되었다. 당시 이러한 레크리에이션을 "병원 레크리에이션(hospital recreation)"으로 불렀으며 치료레크리에이션의 서막을 올리는 계기가 되었다(Carter et al., 1985: 6-10). 이후 O'Morrow 등 많은 학자들은 치료레크리에이션에 대한 정의를 시도해 왔다.

1970년대 피터슨과 건(1972, 1974)은 치료레크리에이션 모델을 제시하면서 치료레크리에이션의 전문적 발달을 구체화시킨다. 그리고 1981년 현장을 주도하고 있던 전문집단(National Therpeutic Recreation Society: NTRS)은 이들의 정의를 수용하며 치료레크리에이션을 "개인의 성장과 발달을 위하여 그리고, 신체, 정서, 사회적으로 바람직한 행동의 변화를 위하여 레크리에이션 서비스를 활용하는 의도적인 개입과정"(Peterson & Gunn, 1972: 2)으로 공식적 인정을 하게 되었다.

이 정의에서 '바람직한 행동 변화', '레크리에이션 서비스', '의도적인 개입과정'은 핵심적 요소가 된다. 첫째, 바람직한 행동 변화는 사회 구성원에게 요구되고 행복과 만족스러운 삶과 직결되는 행동으로의 전환을 말한다. 둘째, '레크리에이션 서비스'는 다른 전문 영역과 차별화를 갖는 것으로 레크리에이션이 목적이 아니라 수단으로서의 활용을 말한다. 셋째, '의도적인 개입과정'은 일시적이고 임의적인 활동이 아니라 개인의 바람직한 행동 변화를 위해 레크리에이션 서비스를 체계적으로 적용하는 것을 말한다.

▌표 4-1▐ 치료레크리에이션 정의

학자	연도	정의
Peterson & Gunn	1972	개인의 성장과 발달을 위하여 그리고 신체, 정서, 사회적으로 바람직한 행동의 변화를 위하여 레크리에이션 서비스를 활용하는 의도적인 개입과정
O'Morrow	1976	모든 사람이 치료적 잠재성을 갖고 있는 레크리에이션의 특성을 경험한 것

Kraus & Shank	1989	장애인의 특별한 욕구와 능력에 부합하도록 의도적 목적으로 설계하거나 응용한 활동
Austin & Crawford	2001	레크리에이션과 여가를 통하여 클라이언트의 성장을 돕고 문제를 완화하거나 예방하기 위하여 클라이언트를 지원하기 위해 설계된 의도적 개입

출처: Peterson, C. A. & Gunn, S. L. (1972). Therapeutic Recreation Program Design: Principle and Procedures. p. 2. / O'Morrow, G. S. (1976). Therapeutic Recreation: A Helping Profession. p. 118. / Kraus, R. & Shank, J. (1989). Therapeutic Recreation Service: Principles and Practices. Austin, D. R. & Crawford, M. E. Therapeutic Recreation: An Introduction. p. 45.

3. 치료레크리에이션의 목적

개인이 자신에게 필요한 성장과 발달을 이루고 현실에서 행복감을 느끼기 위해서는 개인의 여가능력을 회복시키거나 향상시키는 것이 필요하다.

능력(ability)은 무언가 해 낼 수 있는 힘을 말한다. 여가(leisure)는 자발적으로 즐기는 것을 말한다. 즉 여가능력은 자유로운 상태에서 자발적으로 즐길 수 있는 힘을 의미한다. 각 개인은 자유로운 상태에서 어떤 활동을 통해 재미, 즐거움 등 심리적 만족감을 얻기 위해 특정 활동을 수행한다. 이때 특정 활동은 하나에 몰입할 수도 있고 여러 가지 활동에 몰입할 수도 있다.

또한 여가능력은 다양한 여가활동에 참여할 수 있는 능력을 말한다. 개인은 살면서 여가활동 한 가지만을 갖고 살 수 없다. 때로는 TV 시청을 비롯하여 친구들을 만나 음료수를 마시면서 서로 이야기를 한다. 이 외에도 혼자 휴식을 취하며 재충전을 하거나 친구와 함께 영화를 보면서 즐거움의 정도를 높이기도 한다. 또한 새로운 여가에 도전하기도 한다. 이러한 여가능력은 개인의 여가와 관련된 생활양식 속에서 표현된다.

여가생활양식(leisure lifestyle)이란 전체적인 삶의 경험과 이를 둘러싼 잡다한 것들 속에서 보여지는 개인의 여가와 관련된 태도, 인식 그리고 활동들에 대한 개별화되어 있으면서도 일상적인 행동표현을 의미한다. 이것은 여가에 대한 바람직한 인식 및 태도에 대한 선행적 이해를 바탕으로 개인의 개별화된 여가양식을 이해하고 일상생활 속에서 적합한 여가활동에 참여하고 표현하는 것을 말한다.

여가생활양식은 사회화 과정을 통해 형성된다. 그리고 개인의 여가와 관련된 태도, 인식, 활동 등은 전체 삶의 경험 맥락 및 구성과 관련하여 일상적 행동으로 표현된다(Peterson & Gunn, 1984; Peterson & Stumno, 2000). 이것은 개인이 자신의 삶의 형태 속에 통합되어 있는 여가와 레크리에이션을 성공적이면서도 만족스럽게 경험할 수 있도록 기술, 지식, 태도, 능력 등을 효율적으로 갖는 것을 말한다(Stumbo & Peterson, 1998). 직업 및 다른 생활양식과 분리되어 있는 것이 아니며, 다른 일상적 행동들과 뒤얽혀 있는 활동 형태이다(Sneegas, 1993). 또한 일, 학업, 종교, 가족, 친구 등의 구성 요소들이 인간의 실제 생활 경험 속에서 공유되고 축적(Peterson & Gunn, 1984; Peterson & Stumno, 2000)되어 있기 때문에 다른 일상적 행동들과 동일한 선상에서 상호 연관성을 살펴보아야 할 양식인 것이다. 그러면서도 각 개인은 개인마다 독특한 여가생활양식을 갖고 있다.

이러한 여가생활양식을 어떻게 더욱 긍정적으로 개발하고 재구조화하여 일상생활에서 표현할 수 있도록 하는가는 매우 중요한 것이 될 것이다. 치료레크리에이션은 바로 이 점에 초점을 둔다. 즉 치료레크리에이션의 목적은 적합한 여가생활양식(Leisure Lifestyle)의 개발, 유지, 표현을 보다 쉽게 하여 여가능력을 구축하는 데에 있다(Peterson & Gunn, 1984).

여가생활양식의 공통적 요소는 대부분 사회적 상호작용으로 구성되어 있으며 여가의 만족감을 얻는데 중요한 요소가 된다. 그런데 특수인구집단은 사회기술이 결핍되어 있는 경우가 많다. 치료레크리에이션 전문가는 이들의 사회적 상호작용을 만족시키기 위해서는 적절한 사회 기술을 향상할 수 있는 서비스 제공이 필요하다(Sneegas, 1993).

여가활동에는 각각 다른 역량(competence)을 갖고 있다. 이러한 역량이 연관성을 갖고 있는 활동 기술을 가질 때 균형 있는 여가생활양식을 가질 수 있다(Navar, 1980; burlingame & Blaschko, 1997).

여가생활양식은 여가와 관련된 각 개인의 독특한 생활양식을 말한다. 각 개인의 여가생활양식을 이해하게 되면, 행동의 의미를 이해할 수 있음을 알 수 있으며, 치료레크리에이션 접근에 대한 효율성과 효과성을 확보할 수 있다.

보기

가희(가명)[1]는 현재 대학교 2학년이다. 가희의 여가생활양식은 친구들과 함께 신체 활동을 하는 형태를 보인다. 이는 초등학교에서 고등학교 때까지 큰 변화 없이 이루어져 왔다. 특히 고등학교 시절 친구들과 함께 했던 '파자마 파티'는 매우 즐거운 활동이었으며 지금도 다시 재현하고 싶은 여가활동이었다.

이런 가희의 여가생활양식은 아버지의 영향을 받은 것으로 보인다. 가희의 청소년 시절 아버지는 "친구들과 술 마시기(집단/정신)", "친구들과 골프(집단/신체)", "가족여행(집단/신체)"을 주로 하신 것으로 보인다. 어린 시절 가족과 함께 여행을 하고, 친구들과 다양한 여가활동을 하시는 아버지의 모습을 보며 자란 가희는 아버지의 여가생활양식과 크게 벗어나지 않는 것을 볼 수 있다.

초등학교		중학교		고등학교		현재	
여가활동	여가꼴	여가활동	여가꼴	여가활동	여가꼴	여가활동	여가꼴
놀이터에서 놀기	집단(친구)/신체	발야구	집단(친구)/신체	파자마 파티	집단(친구)/신체	데이트	집단(애인)/정신
불량식품 사먹기	집단(친구)/정신	말뚝박기	집단(친구)/신체	볼링	집단(친구)/신체	휴대전화 게임	혼자/정신
캠핑	집단(가족)/신체	분식집 가기	집단(친구)/신체	여행	집단(친구)/정신	여행	집단(친구)/정신
계	집단/신체	계	집단/신체	계	집단/신체	계	집단/정신

한편, 가희는 앞으로 졸업 뒤 '동물조련사' 일을 하고 싶어 한다. 그 이유는 사람들과 함께 동물원

을 다니면서 동물을 조련하는 것에 큰 매력을 갖고 있기 때문이다. 자신의 여가 형태와 직업 성격이 유사한 것으로 볼 수 있다.
그런데 요즘 가희는 좀 재미가 없다고 한다. 함께 했던 친구들이 진학과 취업으로 인해 함께 할 수 있는 시간이 줄어들게 되면서 그 시간을 휴대전화 게임으로 대신하고 있기 때문이다. 그나마 애인과 데이트를 하면서 즐거움을 갖고 있지만 친구들과 함께 하지 못하는 생활은 가희에게 즐거움을 반감시키는 요인이 된다.

참고 여가꼴 접근 모델

채준안(2006)은 개인의 여가생활양식을 쉽게 이해하도록 여가꼴 접근 모델을 창안한다. 여기서 '여가꼴'은 사람들이 어릴 적부터 행해 온 즐거움의 본질적 요소들이 축적되어 만들어진 개인의 여가 틀을 말한다. 분류 기준에 따라 크게 홀로 정신형(SM), 홀로 신체형(SP), 함께 정신형(GM), 함께 신체형(GP)으로 구분한다.
홀로 정신형(SM)은 주로 혼자서 여가활동에 참여하며 정신적 만족을 추구하는 형을 말한다. 음악 듣기, 독서, 그림 그리기 등 자신이 참여하는 여가를 주로 혼자 즐기면서도 신체적 움직임이 크지 않다면, 홀로 정신형에 속한다고 볼 수 있다.
홀로 신체형은 홀로 정신형과 마찬가지로 주로 혼자 여가활동에 참여하지만 신체적 만족을 추구하는 형이다. 조깅, 사이클, 등산, 수영 등 스포츠 활동을 주로 혼자 하는 것을 선호한다면 홀로 신체형에 해당한다.
함께 정신형은 혼자보다는 사람들과 함께 여가활동에 참여하는 것을 선호하면서 정신적 만족을 추구하는 형을 말한다. 함께 영화를 보고, 차를 마시면서 대화를 나누며, 여행을 즐긴다면 함께 정신형에 해당된다.
함께 신체형은 사람들과 함께 스포츠 등 신체 활동에 참여하고 이를 즐겨하는 형을 말한다. 야구, 축구, 농구, 복식 테니스 등 여러 사람이 함께 참여하는 스포츠 등 신체적 움직임이 많은 여가에 참여하는 것을 좋아하고 실제 참여하고 있다면 함께 신체형에 해당한다.
개인의 여가생활양식을 개발할 때, 여가꼴을 중심으로 한다면 개인은 자신에게 적합한 여가를 개발하고 즐기는 데 보다 편리할 것이다.

출처: 채준안, 이준우(2008). 치료레크리에이션의 이해와 실천. pp. 153-158.

---

1) 본 사례는 필자가 강의에 활용하기 위해 만들었던 여가생활양식 생애표를 강의 시간에 학생이 직접 작성하고 발표한 것을 바탕으로 하였다. 학생의 허락을 얻은 뒤 본 교재에 실었다.

4. 치료레크리에이션의 대상

치료레크리에이션 서비스 대상은 신체, 정신, 정서, 사회적으로 한계를 갖고 있는 사람이다. 이 중 일차적으로는 아동, 청소년, 장애인, 노인, 사회적으로 소외를 경험하고 있는 사람을 들 수 있다. 이들을 특수인구집단(Special Populations)이라고 칭하기도 하는데, 이들은 다양한 장애 조건과 사회 문제에 봉착하면서 여가와 레크리에이션 활동 참여에 필요한 능력을 갖는데 많은 어려움을 경험한다(O'Morrow, 1976: 9).

이들은 여가의 사회화 과정 속에서 여가에 대한 인식 및 참여 정도가 낮거나, 잘못 구성되어 있는 경우도 있다. 아동기부터 부모의 약물중독에 쉽게 노출되면서 이를 자신의 여가 가치에 포함시킨 경우도 있으며, 또래와의 관계에서 자연스럽게 구성된 경우도 있다. 또한 제한된 환경 체계는 이들이 충분한 여가 참여 기회를 보장받지 못한 경우도 있다. 충분한 여가기술을 습득하지 못하거나 충분한 여가 환경이 갖추어지지 못할 경우에 여가 범위는 한정될 수밖에 없다.

이들이 여가와 관련된 욕구를 해결하기 위해 치료레크리에이션 전문가와 함께 할 때 클라이언트로서 위치를 가지며 역할을 수행하게 된다.

5. 치료레크리에이션의 장소

치료레크리에이션 서비스 장소는 다양한 곳에서 이루어져 있으며 가능하다. 일반적으로 치료레크리에이션은 복지기관, 병원, 학교, 레크리에이션 전문기관, 체육

시설 등에서 제공되어 왔다.

치료레크리에이션이 다양하게 이루어질 수 있는 이유는 여가 자체가 공간적 제한을 받지 않기 때문이다. 가정에서도 각 개인은 다양한 여가활동을 학습하고 수행할 수 있다.

그러나 보다 다양한 여가에 참여하기 위해서는 그들에게 적합한 여가를 개발하고 참여할 수 있도록 능력을 향상시키고 참여할 수 있는 기회를 제공해야 한다. 이는 치료레크리에이션 전문가에게 요구되는 과제이기도 하다.

6. 치료레크리에이션 관련 인접 영역

일부 사람들은 치료레크리에이션을 인접영역과 동일한 영역으로 간주하는 경우가 있다. 여기서 인접 영역은 음악치료(music therapy), 예술치료(art therapy), 놀이치료(play therapy) 등을 말하는데 다음과 같이 인접 영역을 살펴봄으로써 치료레크리에이션과의 차이점을 이해할 수 있다.

음악치료(music therapy)는 클라이언트의 정신적(정서적 또는 심리적인 것을 포함), 신체적 건강을 개선, 유지, 회복하기 위하여 치료적 과정으로서 음악을 구조적으로 사용하는 것이다. 이것은 음악치료사가 바람직한 행동변화를 위해서 치료적 환경에서 음악을 체계적으로 적용하는 것을 말한다. 음악치료사는 음악을 활용하여 클라이언트가 신체적, 심리적, 정서적 통합을 하도록 도와주고 질병이나 장애를 치료하기 위해서 스트레스에 대처하도록 도와준다(임은희, 2007: 17).

예술치료(art therapy)는 "각종 예술매체를 활용한 심신치료활동이면서 심신의 성장과 발달을 목표로 하는 치료예술활동"으로 정의한다(정광조 외, 2009:5).

이러한 정의를 살펴보면, 음악치료는 '음악' 예술치료는 '예술매체'가 클라이언트의 변화를 위한 주요 수단으로서 활용한다는 것을 볼 수 있다.

놀이치료는 치료레크리에이션과 가장 많은 혼란을 경험하고 있는 분야이다. 놀이와 레크리에이션은 '자발적으로 즐긴다'는 측면에서 동질성을 갖는다. 그러나 이들 개념을 어떻게 적용할 것인가에 대한 관점의 차이는 놀이치료와 치료레크리에이션을 명확하게 구분하도록 한다.

놀이치료(play therapy)는 내담자들의 심리사회적 어려움을 방지하거나 해결하고 최적의 성장과 발달을 이루도록 돕는데 있다. 이를 위해 훈련받은 놀이치료사들이 놀이의 치료적 힘을 사용하고, 놀이행동에 참여하도록 아동의 능력을 재확립하는데 있다. 또한 대인관계 과정을 확립하기 위하여 이론 모델을 체계적으로 사용하는 치료 양식들의 집합으로 구성되어 있다(송영혜 · 윤지현, 2003: 7). 개인의 심리사회적 어려움 특히 대인관계 과정에 초점을 맞춘다.

치료레크리에이션은 개인의 여가참여에 필요한 기본적인 기능 향상, 여가와 관련된 지식과 기술 습득, 그리고 다양한 참여 기회 보장에 초점을 맞추고 있으며 여가생활양식의 개발은 매우 중요한 요소가 된다. 이런 점에서 놀이치료와 치료레크리에이션의 구분은 상호 영역에서 중요할 것이다.

Therapeutic Recreation

PART 03

여가능력모델

■■■ 들어가기 전에

치료레크리에이션 전문가가 자신의 직무와 역할을 수행하기 위해 특정한 기준과 서비스를 바탕으로 한다면 개입의 성과를 더욱 얻을 수 있다. 이를 위해 많은 학자들은 다양한 모형을 개발해 왔다. 여기서는 가장 보편적인 치료레크리에이션 모형으로 인정받는 여가능력모델을 제시하고자 한다. 따라서 3부에서는 여가능력모델을 살펴보고자 한다.

CHAPTER 05

여가능력모델의 가정과 원칙

1. 여가능력모델의 가정

여가능력모델(Leisure Ability Model)은 피터슨과 건이 1970년대(1972년, 1976년)에 걸쳐 개발한 모델이다. 이 모델은 기본적으로 두 가지 가정을 갖고 있다.

첫째, 모든 인간은 여가와 관련된 욕구를 갖고 있다는 것이다. 개인은 여가를 통해 새로운 행동을 시도하고, 자신의 경험을 완숙하게 하며, 새로운 기술을 배우고, 새로운 사람을 만나며, 인간관계를 더 깊게 하고, 자기 존재 의식을 더 명료하게 할 수 있는 기회를 실현시킬 수 있도록 한다. 처음 접했을 때 가졌던 신기함 그리고 더욱 완숙해지면서 갖는 성취감, 이를 다른 사람에게 알리고 나누려는 공유 의식 속에서 개인은 여가의 매력에 빠지며 이를 더욱 확장하려고 할 것이다.

둘째, 개인은 여가를 충족시키고 만족하는 데 장애물을 경험한다. 예를 들면, 여가에 대한 인식이 부족하여 여가를 시간 낭비로 보는 경우가 있으며, 여가에 참여하는데 필요한 정보가 부족할 수가 있다. 또는 새로운 사람을 만나거나 다른 사람과 의미 있는 관계를 갖는 데 필요한 대인관계 기술이 부족할 수 있다. 스포츠(볼링)에 참여하면서 함께 할 수 있는 사람이 없거나 자신에게 적합한 장비를 선택 또는 구매하는데 어려움을 가질 수 있다. 이러한 장애물은 다양한 여가에 참여할 수 있는 기회를 제한하게 되고 궁극적으로는 삶의 만족도를 높이는 데 어려움을 가질 수 있다. 특히 많은 장애인들은 비장애인보다 다양한 여가에 참여할 수 있는 경험과 서비스 경험이 필요하지만, 다양한 장애물들이 이를 제한할 수 있어 이러한 장애물을 극복할 수 있는 도움이 필요하게 된다. 치료레크리에이션은 이러한 장애인의 욕구를 충족시키고 만족시키는 것이 가능할 수 있다(Stumbo & Peterson, 1998: 82-96).

2. 여가능력모델의 강점

여가능력모델의 강점은 다양한 치료레크리에이션 현장에서 적용할 수 있다는 점이다. 즉 윤리, 연구, 실천, 교육 등 다양한 현장에서 적용할 수 있다.

여가능력모델의 강점은 유연성(flexibility)이다. 여가능력모델은 3가지 서비스(능적개입(치료), 여가교육, 레크리에이션 참여)로 구성되어 있는데, 이 서비스들은 클라이언트의 여가와 관련된 욕구에 따라 선별되거나 프로그램으로 적용할 수 있다.

3. 여가능력모델의 원칙

여가능력모델은 다음과 같이 2가지 원칙에 기초하고 있다. 첫째, 클라이언트 지향 접근법이다. 여가능력모델은 클라이언트의 욕구에 대한 개념을 바탕으로 하고 있다. 세 가지 영역(기능적 개입(치료), 여가교육, 레크리에이션 참여)마다 각각 장애상태나 클라이언트의 서로 다른 욕구들을 고려한다. 이것은 프로그램이 클라이언트에 대한 분석을 바탕으로 개발된다는 것을 의미한다. 여가참여와 관련하여 파악한 클라이언트 최우선 원칙을 실행하기 위해서는 클라이언트의 욕구를 정확히 분석하고 이를 충족시킬 수 있는 계획이 실행되어야 한다.

이때 치료레크리에이션 전문가는 클라이언트 욕구뿐만 아니라 환경 체계도 함께 고려해야 한다. 환경 체계에 따라 개입 정도에는 차이가 있기 때문이다. 예를 들면, 폐쇄병동에 장기 입원하고 있는 정신장애인 집단과 정신건강센터를 이용하고 있는 정신장애인 집단은 여가와 관련된 욕구를 갖고 있다 하더라도 개입 초점에는 차이가 발생할 수 있다. 즉 폐쇄병동에 장기 입원하고 있는 정신장애인은 상실된 사회적 기능을 회복시키는 데 초점을 맞출 수 있는 반면, 정신건강센터를 이용하고 있는 정신장애인 집단은 지역사회 여가 자원과 관련된 정보를 수집하고 활용할 수 있는 능력을 개발하는 것이 더 우선일 수 있다.

둘째, 치료레크리에이션 서비스모델은 단일영역 목적에 중점을 둔 프로그램 기법에 원칙을 두고 있다. 이는 전문가에 의해 선별되고 개발된 프로그램은 세 가지 영역 중 한 영역에 초점을 둔다는 것을 의미한다. 예를 들어, 여가기술(두번째 영역인 여가교육 서비스의 구성요소) 중 사진촬영기술 습득 프로그램을 구상했다고 하자. 그러면 실행할 활동은 반드시 사진을 찍을 수 있는 전반적인 기술을 습득시키는 것에 목적을 두고 오직 그 주제에 맞는 실행방안을 마련해야 한다.

CHAPTER 06

여가능력모델의 주요 서비스

1. 기능적 개입(치료) 서비스

기능적 개입(치료) 서비스는 기능적, 행동적 영역의 개선에 목적을 둔다. 여기서 개선해야 할 기능적, 행동적 영역은 신체, 정신(인지), 정서, 사회적으로 결손 되어 있는 상태를 말한다. 특히 이 영역은 대부분 비장애인이 보유하고 있는 전형적인 여가 행동에서 필수적인 기초 영역을 말한다. 예를 들면, 춤을 추기 위해서는 유연성이 요구되고, 독서를 하기 위해서는 이해력이 필수적으로 갖추어져야 한다. 이들 기능이 결손될 경우 개인은 독립적인 여가활동에 참여하는 데 많은 어려움을 경험하게 된다.

치료레크리에이션 전문가는 이를 해결하기 위해 클라이언트의 자유로운 행동을 통제하고 상과 벌 등 외적 보상에 의존하면서 기능 회복 또는 향상을 모색하게 된다. 이때 치료레크리에이션 전문가는 치료사 역할을 요구받는다. 치료사로서 치료레크리에이션 전문가는 이들 영역(신체, 정신, 정서, 사회적 영역)이 보다 개선되도록 하는데 초점을 둔다. 이를 위해서 치료레크리에이션 전문가는 이 영역에 대한 이해가 필요하다. 다음은 각 영역에 해당되는 예를 제시한 것이다.

- 신체적 영역: 근력, 근지구력, 협응력 등
- 정신적 영역: 기억력, 언어 능력, 수리력 등
- 정서적 영역: 분노 조절, 적절한 감정 표현 등
- 사회적 영역: 친밀감, 동조, 친사회적 행동 등

주목해야 할 것은 이 서비스의 초점이 단순히 치료에만 두는 것이 아니라, 손상된 여가기능을 향상시키는 데 있다는 것이다. 예를 들면, 신체장애가 발생하였을 경우 신체장애보다는 이로 인해 추가적으로 나타나는 심리적 · 사회적 장애와 여가기능에 초점을 맞추는 것이다. '병을 다스려 고치는 과정'과 같은 병리현상을 다루는 의학적 치료를 뜻하는 것이 아니라, 병리현상에 의하여 발생하는 신체, 정신, 정서, 사회적 행동 또는 기능을 회복시키는 데 의미를 둔다.

여가참여를 제한하는 클라이언트의 구체적인 기능상의 결함은 실행 가능한 프로그램 개입을 위한 영역이다. 그 다음에 구체화된 기능의 개선과 관련된 목표를 가진 프로그램이 구상된다. 선정된 구체적인 레크리에이션 활동은 개선될 행동영역의 성취에 도움이 된다. 기능적 개입 서비스는 대부분 임상시설에서 실행된다. 치료레크리에이션 전문가는 치료사의 역할을 하며 1차적 장애요인에 의하여 발생되는 제 2의 장애요인을 예방하거나 2차 장애를 회복시키는 것을 염두에 두어야 한다. 단지 지시자가 아니라 다양한 치료레크리에이션 개입기술과 전략을 가장 적합하게 사용하여 궁극적인 목적을 성취할 수 있는 전문가여야 한다(Peterson & Gunn, 1998; Stumbo & Peterson, 2000; 채준안 외, 2008: 22-23).

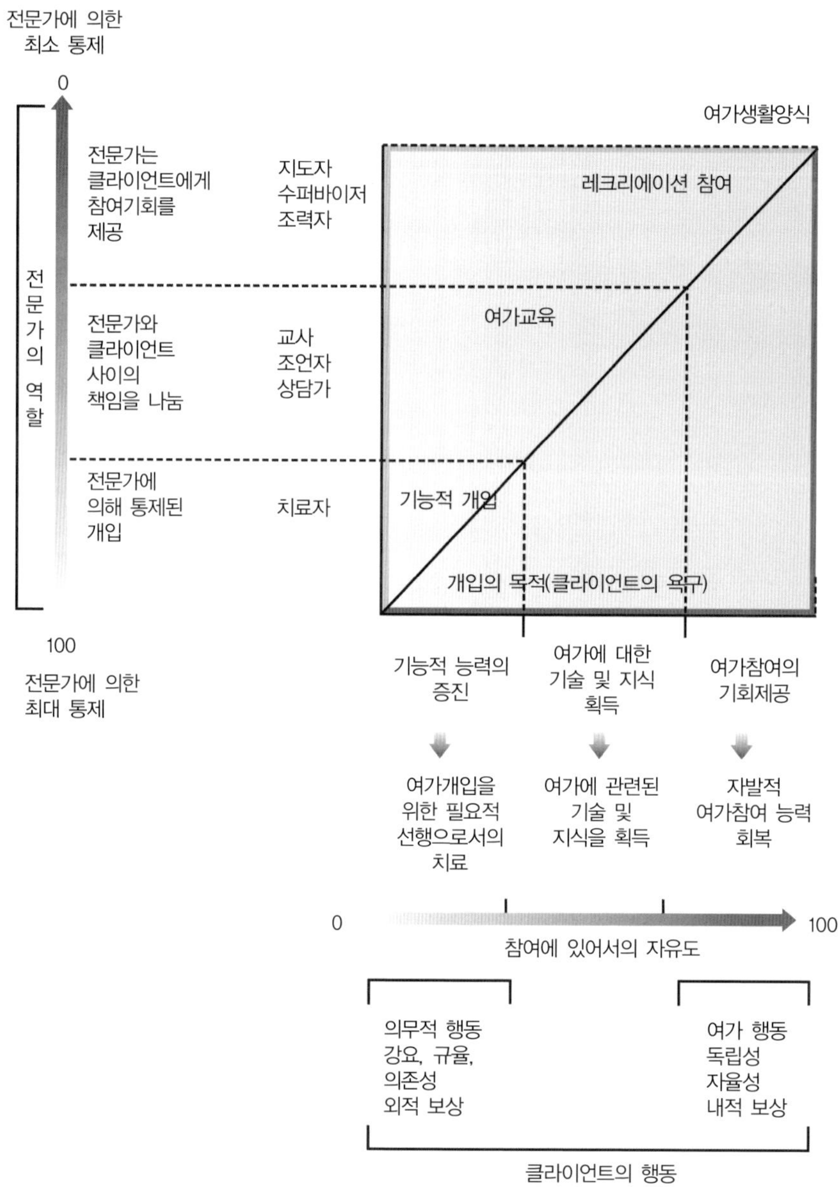

▌그림 6-1▌ 여가능력모델

출처: Peterson, C. A., & Gunn, S. L. (1984). *Therapeutic Recreation Program Design: Principle and Procedures*, p. 19.

2. 여가교육 서비스

여가교육 서비스는 여가참여와 관련된 기술, 태도 그리고 지식 및 활용방법을 습득시키는 데 목적이 있다. 이는 개인이 여가와 관련된 새로운 지식, 기술, 태도, 그리고 능력을 습득할 때 여가 행동이 변하고 증진될 수 있다는 가정을 기반으로 한다. 즉 여가능력에 초점을 둔 교육(학습과정)을 통해 행동이 변화되고 증진될 수 있는 것이다. 이러한 과정에서 여가에 대한 인지적 이해, 여가 참여에 대한 긍정적 대도, 다양한 침여와 의사결정 기술, 자원의 지식과 활용 기술들은 여가 침여의 민족도를 높이는데 중요한 영향력을 제공할 수 있다.

이를 위한 여가교육 서비스의 구성요소는 다음과 같이 4가지로 구성된다.

1) 여가인식

여가생활유형과 참여의 관점에서 볼 때 여가에 대한 인지적 이해와 여가활동을 경험했을 때의 잇점 그리고, 여가에 대한 가치 인식 및 태도 등은 바람직한 행동변화를 위해 중요하다. 이를 위해서는 최소한 4가지 하위 범주(여가 지식, 여가 인식, 여가와 놀이의 태도, 여가참여와 의사결정기술)를 확인하는 것이 필요하다. 그리고 이를 지원하기 위해 교육, 상담 등 다양한 인지적 · 정서적 촉진기법이 프로그램 속에 담겨 있어야 한다.

- 여가 지식: 여가의 개념, 여가의 잇점, 여가생활양식의 개념 등
- 여가 인식: 여가 참여에 영향을 미치는 인지된 능력과 한계, 과거 여가와 놀이 형태 및 활동, 현재 여가활동과 만족도 등

- 여가와 놀이의 태도: 과거, 현재, 미래 여가에 대한 사회적 태도, 태도와 행동 간의 관계, 생애과정 속에서 여가 태도의 혁신적 변화 등
- 여가참여와 의사결정기술: 여가 참여에서의 의사결정 기술, 여가계획기술, 문제 해결 기법 등

2) 사회적 상호작용기술

사회적 상호작용은 여가생활 양식에서 중요한 것이다. 많은 상황에서 상호작용은 활동 자체보다 참여에 있어 매우 의미가 있고 중요하다. 상호작용 능력은 성공적 관여를 위한 실질적인 능력인 것이다. 그래서 적절한 사회적 상호작용기술은 만족스러운 참여를 위해 필요하다. 이를 위해서 최소한 3가지 하위 범주(의사소통기술, 관계 형성 기술, 자기표현 기술)를 확인하는 것이 필요하다.

- 의사소통기술: 주장기술, 협상, 반대, 갈등이 수반된 기술, 대화 기술, 적극적 경청 기술 등
- 관계형성 기술: 친구 개발 기술, 자기 노출, 협력과 경쟁 기술 등
- 자기표현 기술: 에티켓 및 매너 기술, 위생, 적절한 복장 갖추기 등

3) 여가활동기술

여가가 생애과정 속에서 재미와 만족감을 얻을 수 있는 자원이 될 수 있도록 클라이언트가 적합한 여가활동을 선택하고 이와 관련한 기술을 익히도록 하는 것은 매우 중요하다. 클라이언트는 여가기술 습득과정에서 자신의 잠재능력을 발휘할 수 있기 때문이다. 따라서 치료레크리에이션 전문가는 여가생활양식에 대한 이해,

일정한 상담기법과 기술에 대한 지식과 능력 개발, 그리고 클라이언트의 여가형태에 적합한 다양한 교육기법 목록을 갖고 있어야 한다.

여가활동기술 개발 프로그램에서 고려해야 할 것은 여가 인식, 사회적 상호작용 기술, 여가자원 등 다른 여가교육 서비스 내용의 세부목표와 내용을 가능한 포함하는 것이다.

4) 여가자원

클라이언트가 원하는 여가활동에 참여하기 위해서는 여가기술 습득뿐 아니라 여가활동을 할 수 있는 활동의 기회에 대한 파악, 여가활동을 할 수 있는 다양한 자원에 대한 지식습득(여가장소, 위치, 교통편, 소요경비, 필요장비 구입처 등) 그리고, 파악한 자원을 활용할 수 있는 기술습득이 필요하다. 이는 클라이언트가 자신만의 여가를 탐색하고, 확장하며, 그리고 참여할 수 있는 도구가 된다. 이를 위해서는 5가지 하위범주(활동기회 여부, 개인 자원, 가족 자원, 지역사회자원, 국가 자원)을 확인하는 것이 필요하다.

- 활동기회 여부: 가능한 여가활동 확인하기
- 개인 자원: 개인의 여가 목록을 확장할 수 있는 자원 확인하기
- 가족 자원: 가족(또는 동반자)의 여가 관심 확인하기
- 지역사회자원: 기관, 상업 시설 등 확인하기
- 국가 자원: 공공 및 상업 프로그램 등

여가교육 서비스는 여가를 이해하고 여가 참여 능력과 기술을 습득할 수 있는 것에서 시작된다. 따라서 치료레크리에이션 전문가는 교육자, 상담자, 조언가로서

의 역할을 수행한다. 이때 전문가는 클라이언트와 책임을 공유하는 관계를 갖는다(Peterson & Stumbo, 2000: 35-54).

3. 레크리에이션 참여 서비스

여가관련기술을 습득한다는 것은 그 기술을 활용할 수 있는 기회가 주어지지 않는다면 유명무실(有名無失)해질 수밖에 없다. 따라서 레크리에이션 참여 서비스를 통해 클라이언트가 즐거움을 느끼고, 자기를 표현할 수 있는 체계적인 레크리에이션을 경험할 수 있도록 참여의 기회를 갖도록 한다. 기능적 개입(치료) 서비스 및 여가교육 서비스가 여가생활양식을 위해 필수적인 영역을 갖추도록 하거나 여가와 관련된 지식과 기술을 습득하는 것에 초점을 둔다면, 레크리에이션 참여 서비스는 실제 여가생활양식을 표현하는 것에 초점을 두고 있다. 즉 레크리에이션 참여 서비스는 여가능력모델의 실질적 부분이기도 한다.

이 서비스에서는 치료레크리에이션 전문가가 조력자 또는 슈퍼바이저의 역할을 통해 클라이언트가 지속적으로 레크리에이션 활동을 할 수 있도록 돕고 클라이언트로 하여금 스스로 여가활동을 계획하고, 조직하고, 수행할 수 있도록 지도력을 제공한다. 따라서 클라이언트는 치료레크리에이션 전문가의 통제 보다 많은 자유를 가지면서 자신의 책임 아래 체계적인 레크리에이션 활동에 참여할 수 있는 기회를 갖게 된다(Peterson & Stumno, 2000: 54-59).

Therapeutic Recreation

PART

04

치료레크리에이션 실천기술

들어가기 전에

치료레크리에이션 실천기술은 개입 목적을 구체적으로 얻기 위한 기술을 말한다. 어떤 개입 형태이든지 이를 현실에서 체계적으로 실현할 수 있는 기술 체계가 없다면 의도했던 목적을 얻기 어렵게 된다. 따라서 치료레크리에이션 전문가는 목적을 구체적으로 달성할 수 있는 다양한 기술을 겸비해야 하며, 끊임없는 기술 개발에 노력해야 한다. 따라서 4부에서는 치료레크리에이션 전문가에게 요구되는 가치, 지식과 기술 체계와 다양한 실천기술을 살펴보고자 한다.

CHAPTER 07 치료레크리에이션 전문가

치료레크리에이션 전문가는 다양한 방법을 통해 클라이언트와 함께 이들의 여가와 관련된 욕구를 해결하는 전문 인력이다. 또한 사회화 과정을 통해 클라이언트의 여가생활양식을 개발하고 일상에서 표현하는 데 중요한 영향을 미치는 환경 체계이기도 하다. 전문 인력은 자신만의 고유 명칭을 갖고 정체성과 책무성을 제시하면서 자신만의 전문 영역을 구성한다. 또한 가치와 윤리를 바탕으로 관련 지식과 기술 을 습득하고 현장 경험을 통해 전문성을 확인할 수 있어야 한다.

전문직은 자신의 전문적 정체성을 확보하기 위해 고유의 명칭을 사용한다. 치료레크리에이션 또한 인간 서비스 전문직으로서의 명칭을 사용한다. 현재 미국의 경우 '인증된 치료레크리에이션 전문가(Certified Therapeutic Recreation Specialist: CTRS)', '레크리에이션 치료사(Recreation Therapist: RT)'를 치료레크리에이션 전문가의 명칭으로 사용한다.

한국의 경우 '치료레크리에이션사(Therapeutic Recreation Specialist)', '레크리에이션 지료사(Recreation Therapist: RT)'로 불리고 있다. 이렇게 국가 내에서 전문직을 나타내는 명칭에 차이가 발생되는 이유는 치료레크리에이션 전문직으로서의 정체성을 확립하려는 치료레크리에이션 관련 조직 간의 차이에서 기인한다.

그럼에도 불구하고 치료레크리에이션 전문가의 여가에 대한 가치와 전문적 지식 및 기술에 대한 강조는 공통된 입장을 취하고 있다. 그 이유는 이들 요소들을 얼마나 보유하고 있느냐에 따라 클라이언트의 여가와 삶에 중요한 영향을 미칠 수 있기 때문이다. 따라서 치료레크리에이션 전문가는 전문가로서의 가치 의식, 지식과 기술을 갖고 있어야 하며, 클라이언트의 바람직한 행동 변화를 이끌어 가야 한다.

일차적으로 치료레크리에이션 전문가로는 자기(self) 개발이 요청된다. 여기서 자기 개발은 클라이언트의 입장에서 인지적(cognitive), 정서적(affective), 행동적(psychomotor) 요소를 통합하는 것을 말한다. 즉, 통합적 측면에서 생각하고, 느끼고, 행동하는 성숙된 인간의 모습으로서 가치를 재인식할 때 보다 효과적인 전문가가 될 수 있다(Carter et al., 1985: 17-21).

또한 체계적인 지식체, 전문직 개발, 전문직 권위, 전문직 신뢰, 윤리 강령 등이 필요하다(Robertson & Long, 2008: 32).

1. 윤리와 가치

치료레크리에이션 전문가는 무엇보다도 헬프 전문직(helping profession)이라는 점에 주목할 필요가 있다(O'Morrow, 1976: 7). 즉 클라이언트의 여가와 삶을 지원하는 전문직인 것이다. 치료레크리에이션 전문가는 윤리와 가치를 바탕으로 전문적 역할을 수행해야 한다.

1) 윤리

윤리(Ethics)는 '사람으로서 마땅히 지키거나 행해야 할 도리나 규범'을 말한다. 각 전문가는 전문적 역할을 수행하는 데 지켜야 할 원칙을 갖고 있으며 이를 따를 것을 요청받는다.

로버츤과 롱(2008)은 인간 서비스에서 공통적으로 발견되는 윤리 원칙을 다음과 같이 제시한다.

- 선행의 원칙(Principle of beneficence): 각 개인의 건강과 복지를 더욱 증진시키는 의무를 말한다. 치료레크리에이션 전문가는 특수인구집단의 삶을 긍정적으로 지원해야 한다.
- 부정행위 금지의 원칙(Principle of nonmalfeasance): 타인을 손상시키거나 해를 가하지 않는 선행과 정당한 수단 적용의 의무를 말한다. 개인은 모든 상황에서 자신 또는 타인에게 해를 제공할 수 있는 위기를 제거하거나 감소하도록 노력해야 하며 의도적으로 해를 가하지 않아야 한다.
- 자율의 원칙(Principle of autonomy): 존중받고 스스로 선택할 수 있는 인권에

관심을 갖는 원칙이다. 사람은 설계된 계획과 자기 지시에 의해 스스로 행동을 결정할 권리를 가진다.

- 정의의 원칙(Principle of justice): 타인을 공정하게 대하고 최소 이익의 입장에서 부담과 이익을 분배하는데 공정할 것을 요청하는 원칙이다.
- 충성의 원칙(Principle of fidelity): 진실하며 약속을 준수하는 열정과 의무를 말한다. "나는 약속한다"는 진술문은 자기-부과 의무를 수용했다는 것을 공표하는 도덕적 관계를 세우는 것이며 다른 전문직이 그 의무를 준수할 권리를 가진다. 사실을 말하고 약속을 지키는 것은 신뢰의 벽을 세우는 기초적인 것이라는 것을 작성한다(Robertson & Long, 2008: 36-37).

2) 가치

가치(Values)는 바람직하다고 생각하는 삶의 방식이나 기준, 신념이며 적합한 행동의 선택에 대한 지침이다. 이는 윤리와 구분되는 것으로 가치가 믿음이라면, 윤리는 판단이다. 가치에는 궁극적 가치, 도구적 가치, 수단적 가치, 전문가 가치, 차등적 가치 등이 있다.

(1) 궁극적 가치

최고의 위치를 점하고 있는 가치로 사회나 시대상황에 관계없이 불변하는 가치라고 할 수 있다. 이것은 널리 인정받는 가치로 일반적이면서 기본적인 지침이 된다. 인간존중, 평등, 비차별과 같은 가치들로 구성되며 정체성 확립에 기반이 되는 핵심적인 가치들이다.

(2) 도구적 가치

이 가치는 궁극적 가치를 달성하기 위한 수단이나 방법으로, 행동지침이나 윤리로 나타난다. 인간의 존엄성을 존중하는 것이 궁극적 가치라면, 개인의 자기결정권이나 비밀보장을 인정하는 가치는 도구적 가치에 속한다.

(3) 수단적 가치

목적을 위해 요구되는 수단들을 명확하게 하는 가치로서, 궁극적 가치를 달성하기 위한 수단이다. 자기결정, 비밀보장, 고지된 동의 등이 있다.

(4) 전문가 가치

사회의 가치로부터 전문가 가치를 취하게 되는 것을 말한다.

(5) 차등적 가치

차등적 가치는 가치위계에서 중간에 위치한다. 이 가치는 사회문화적 영향이나 개인의 경험에 따라 찬반으로 나타날 수 있는데 동성애 등에 대한 개인의 가치가 이에 속한다. 따라서 차등적 가치는 궁극적 가치에 비해 훨씬 더 구체적인 내용을 말하게 된다(이준우 외, 2011: 112-113).

치료레크리에이션을 탄생시킨 미국에서는 두 가지 가치에 대한 논쟁이 오랫동안 전개되어 왔다. 이들의 논쟁은 크게 두 가지 관점의 차이에서 시작되었다. 첫째는 여가 중심의 관점을 지지하는 입장이며, 둘째는 건강 중심의 관점을 지지하는 입장이다.

여가 중심의 관점은 여가를 개인의 권리로서 이해하고 이를 보장하는 것이 중요하다는 점을 강조한다. 이 관점은 장애인을 비롯한 클라이언트의 여가 욕구를 어떻게 보장해 줄 것인가에 초점을 갖는다. 전미치료레크리에이션협회(National Therapeutic Recreation Society)는 여가 중심의 관점을 갖고 있는 대표적인 치료레크리에이션 조직이다. 피터슨의 정의를 공식적으로 인정하고 장애인의 여가를 보장하려는 노력을 하고 있다. 이 기관의 실천 기준은 이를 반영하고 있다.

① 서비스 범위(Scope of Service)
② 사명과 목적, 목표, 세부목표(Mission and Purpose, Goals and Objectives)
③ 개별 치료 / 프로그램 계획(Individual Treatment/Program Plan)
④ 문서작성(Documentation)
⑤ 운영 계획(Plan of Operation)
⑥ 개별 서비스 질 보장(Personnel Qualifications)
⑦ 윤리적 책임(Ethical Responsibilities)
⑧ 평가와 조사(Evaluation and Research)

반면, 건강 중심의 관점은 클라이언트의 건강을 위해 레크리에이션을 적용하는 관점이다. 미국치료레크리에이션협회(American Therapeutic Recreation Association: ATRA)는 건강 중심의 관점을 대표하는 대표적인 치료레크리에이션 조직이다. 실천 기준은 다음과 같다.

① 사정(Assessment)
② 치료 기획(Treatment Planning)
③ 계획 실행(Plan Implementation)
④ 재사정과 평가(Re-Assessment and Evaluation)

⑤ 퇴원과 전원 기획(Discharge and Transition Planning)
⑥ 레크리에이션 서비스(Recreation Services)
⑦ 윤리(Ethical Conduct) / 치료레크리에이션 실천 운영(Management of Therapeutic Recreation Practice)
⑧ 운영 계획(Written Plan of Operation)
⑨ 직원 질과 역량 사정(Staff Qualifications and Competency Assessment)
⑩ 품질 관리(Quality Management)
⑪ 자원 관리(Resource Management)
⑫ 프로그램 평가와 조사(Program Evaluation and Research)

2. 지식기반과 기술

치료레크리에이션이 전문직으로서 위치를 갖게 되면서 이에 따른 지식 체계와 기술에 대한 요구가 끊임없이 제기되어 왔다. 전문가는 책무성을 확보하기 위해서 개인과 환경 간의 관계를 설명할 수 있는 지식 체계와 기술을 갖고 있어야 한다(김선희 외, 2012: 46-68).

1) 지식 체계

치료레크리에이션의 지식 체계는 여가학을 바탕으로 한다. 여가학의 영역은 크게 4가지로 구분할 수 있다.

첫째, 순수여가연구이다. 이 영역은 여가에 대한 철학적 개념 연구, 시간에 관한 연구, 여가 태도, 여가 만족, 여가 제약과 같은 여가 자체의 속성과 의미에 대한 연구 등을 포함한다.

둘째, 응용 레크리에이션 연구이다. 응용 레크리에이션 연구는 여가활동과 시설, 그리고 프로그램의 실제적 적용을 주로 다루는 영역이다. 응용 레크리에이션 연구의 최대 관심사는 여가 연구를 통해 이루어진 이론들을 실제 사회에서의 문제 해결 능력과 교육적인 활용에 있다.

셋째, 여가 행정 및 경영 연구이다. 주로 여가 관련 프로그램의 계획과 운영, 여가 정책에 관한 연구, 공원을 중심으로 한 시설 관리, 심지어 자원봉사에 관한 연구까지 포함한다. 특히 한국에서는 여가를 산업과 경영에 결부시켜 여가 산업, 관광 산업의 촉진과 문제 해결 능력에 초점을 맞추고 있다.

넷째, 치료레크리에이션 연구이다(노용구, 2001: 24-27).

에진톤 등(2005)은 치료레크리에이션에서 요구되는 지식체는 다음 3가지 자원 정보로부터 구성된다고 하였다(Robertson & Long, 2008: 32).

- 과학 분야: 인간에 대한 이론적 근거, 환경, 그리고 2개 이상의 기초 학문 연구 영역(사회학, 심리학, 생리학, 식물학 등)
- 가치: 모든 사람은 여가와 레크리에이션을 경험할 수 있는 권리를 가지고 있으며 또한 레크리에이션은 개인의 신체적, 인지적, 정서적, 사회적 행동에서 바람직한 변화를 위한 매개체가 된다는 신념
- 응용 및 공학 기술: 클라이언트의 기능을 사정하기 위해 이끌어가는 활동 또는 목표와 세부목표를 기술하기 등 전문적 직업 형성을 위해 요구되는 기술들

2) 교과 과정

(1) 미국의 치료레크리에이션 교과 과정

미국 노동통계청(Bureau of Labor Statistics)의 2013년 직업 편람(Occupational Outlook Handbook)에 따르면, "레크리에이션 치료사는 장애 또는 질환을 갖고 있는 사람을 위해 레크리에이션 프로그램을 계획, 지도, 그리고 협력한다. 미술과 공예, 드라마, 춤, 스포츠, 게임, 그리고 여행 등 다양한 기법을 사용하여 클라이언트의 신체적, 정서적 안녕감을 유지하거나 증진하도록 지원한다. 이를 위한 학력은 학사 학위이다"라고 규정하고 있다(Bureau of Labor Statistics, 2003).

치료레크리에이션 전문가에게 요구되는 교육 과정은 크게 일반교육과 전문교육으로 구분할 수 있다.

① 일반교육

일반교육은 전문직을 위한 기본적인 준비 과정으로 치료레크리에이션에 대한 동기 유발이 필요하며 분석과 해석에 대한 지적인 능력과 의사소통 기술을 효과적으로 사용할 수 있는 능력을 포함한다. 다음에서 제시하는 과목은 일반교육 교과과정으로 전문가는 일반교육 과정에서 자신이 연구하고 싶은 치료레크리에이션 분야와 관련된 과목을 신중히 선택하여야 한다.

- 의사소통 과목: 말하기, 듣기
- 철학과 예술: 예술, 문학, 외국어, 철학, 음악, 드라마
- 과학과 수학: 화학, 지질학, 천문학, 생물학, 식물학, 동물학, 물리학, 수학
- 사회와 행동과학: 인류학, 경제학, 역사학, 정치학, 심리학, 사회학, 보건학, 범죄학
- 체육활동 과정

② 전문교육

전문교육은 치료레크리에이션에 대한 고유의 능력을 갖추는 데 필요한 교육으로 다음과 같이 살펴볼 수 있다(채준안·이준우, 2007: 110-113).

가. 철학과 개념

- 치료레크리에이션과 그 과정을 포함하는 여가와 레크리에이션에 대한 기본철학과 지식
- 개인의 장애나 질병 그리고 그에 따른 한계상황에 대한 지식
- 인간의 성장에 있어서 놀이의 역할에 대한 지식

나. 프로그램 개발과 사정

- 필요한 활동을 유발시킬 수 있는 적합한 기술 제공 능력
- 치료레크리에이션 프로그램과 서비스를 발전시키는 능력
- 클라이언트 욕구에 맞는 레크리에이션을 선택할 수 있는 능력

- 참여에 대한 사정 능력
- 새로운 서비스 개발 능력

다. 지역사회 조직과 변화능력 부여 활동

- 생활 현장에 뿌리를 두고 있는 기존 조직들을 활용
- 클라이언트의 여가권리를 침해하거나 방해하는 조직에 대한 강력한 항의와 지역주민들에 대한 권리의식의 확산을 도모
- 클라이언트 스스로 자신의 여가권리를 찾으려는 노력을 이루도록 역량 강화하기

라. 행정과 수퍼비전

- 행정과 수퍼비전 원리, 실천과 절차를 적용할 수 있는 지식과 능력
- 프로그램 계획 기법을 적용할 수 있는 능력
- 기관, 서비스, 전문 분야 간의 상호관계에 대한 이해

마. 상담

- 특수인구집단의 여가욕구를 충족시켜 줄 수 있는 상담 제공 능력

바 상호인간관계, 집단역학, 의사소통

- 개인 상대, 집단 상대로 일하는 기술
- 집단 과정 활용 능력
- 서비스 전달과 일반 대중을 교육하는데 필요한 말하기와 쓰기, 그리고 의사소통 기법들을 사용하는 능력

사. 연구와 평가

- 연구방법에 대한 지식
- 기초적인 사회조사 방법에 대한 능력
- 연구 결과를 적용시키는 능력

이와 함께 치료레크리에이션 전문가가 되기 위한 조건으로 다음과 같이 제시한다. 첫째, 수퍼바이저의 지도 아래 최소한 400시간 이상의 인턴십(internship)을 수행해야만 한다. 둘째, 자격 검정시험을 통과해야 한다. 셋째, 보수교육 프로그램(continuing education)에 지속적으로 참가해야 한다(Edginton, et al., 2002: 331).

〈표 7-1〉은 인디애나 대학교의 치료레크리에이션 교과 과정이다. 학과명은 레크리에이션학과이며 레크리에이션 치료 전공 과정으로 운영하고 있다. 교과 과정을 살펴보면, 건강과 치료레크리에이션을 연결하고 있음을 볼 수 있다.

▌표 7-1▐ 인디애나 대학교의 치료레크리에이션 교과 과정

[레크리에이션 치료 특별 과정]
HPER-R 277 레크리에이션 치료 기초
HPER-R 378 레크리에이션 치료 사정과 계획
HPER-R 379 레크리에이션 치료 촉진: 기법과 평가
HPER-R 396 레크리에이션 치료 인턴십과 전문직 준비
HPER-R 462 건강관리 환경에서 레크리에이션 치료
HPER-R 479 레크리에이션 치료에서 현대적 쟁점
HPER-F 150 생애주기별 인간 발달 개론
HPER-P 398 특수 체육 교육
HPER-T 220 장애, 건강, 그리고 기능
ANAT-A 215 인간 해부 기초
PHSL-P 215 기본적인 인간 생리학
PSY-P 101 심리학개론 I
PSY-P 102 심리학개론 II
PSY-P 324 이상심리학

〈표 7-2〉는 일리노이즈 대학교의 치료레크리에이션 교과 과정이다. 일리노이즈 대학교는 레크리에이션과 공원 행정 과정에서 치료레크리에이션 교과 과정을 운영하고 있다. 교과 과정을 살펴보면, 치료레크리에이션과 관련된 교과목이 광범위하게 배치되어 있음을 볼 수 있다.

▌표 7-2▐ 일리노이즈 대학교의 치료레크리에이션 교과 과정

170 여가와 레크리에이션 개론
171 레크리에이션 리더십
175 여가 사회학
253 치료레크리에이션 기법
270 장애인을 위한 레크리에이션
271 레크리에이션 프로그래밍
273 치료레크리에이션 개론
275 레크리에이션 시설의 프로그램 계획과 설계
278 치료레크리에이션 서비스 전달
279 치료레크리에이션 클라이언트 문서작성
295 우수자 세미나
298.30 전문적 실천: 레크리에이션과 공원 행정에서 인턴십과 협동 교육
298.31 전문적 실천: 상업 레크리에이션에서 인턴십과 협동 교육
298.36 전문적 실천: 레크리에이션과 공원 행정에서 준비 세미나
351 공원과 특별 이벤트
354 스포츠 산업에서 현대적 쟁점
365 고급 치료레크리에이션 실천
370 여가 서비스 조직 행정
371 야외 레크리에이션
374 고급 레크리에이션 프로그래밍
376 기관 서비스 평가
377 레크리에이션과 관광 실천 및 쟁점
378.30 레크리에이션과 공원 행정의 전문적 쟁점
380 여가서비스에서 인적 자원의 행정
381 레크리에이션, 관광, 그리고 스포츠에서 특별 학습
382 레크리에이션과 운동과학의 법률적 관점
398.30 레크리에이션과 공원 행정에서 인턴십과 협동 교육
398.36 전문적 실천 세미나

(2) 한국의 치료레크리에이션 교과 과정

한국의 경우 대학교 내에 치료레크리에이션을 정규 학과로 운영하고 있는 사례는 아직 발견되지 않고 있다. 다만 사회복지학, 간호학, 관광학, 체육학 등 학과에서 교과 과정 중 하나로 편성하여 운영하고 있는 것을 발견할 수 있다.

한국직업능력개발원(2007)의 "레크리에이션치료사 직무 분석" 자료에 의하면, 치료레크리에이션 전문가가 되기 위해 필요한 교과 과정은 다음과 같다.

▌표 7-3▐ 한국직업능력개발원의 레크리에이션 치료사 교과 과정

코스	여가학	치료레크리에이션	인간과 행동	실습
교과목	1. 현대사회와 여가 2. 여가 및 레크리에이션론 3. 여가교육론	1. 치료레크리에이션 개론 2. 치료레크리에이션 과정과 절차 3. 치료레크리에이션 프로그래밍 4. 치료레크리에이션 촉진기법	1. 인간발달과 성장 2. 이상심리학 3. 해부 및 생리학	1. 실습 2. 인턴십

출처: 한국직업능력개발원(2007). 레크리에이션사치료사 직무분석.

사단법인 한국디지털치료레크리에이션협회는 1992년 창설된 이후 치료레크리에이션 전문가 양성을 주도해 왔다. 교육과정은 레크리에이션치료사 (1급), (2급)으로 구분된다. 레크리에이션치료사(2급)은 레크리에이션치료사(1급)을 위한 기초과정으로 여가 및 레크리에이션 그리고 치료레크리에이션을 주요 내용으로 하고 있다. 레크리에이션치료사(1급)은 치료레크리에이션 과정과 절차, 실습을 주요 내용으로 하고 있다.

▌표 7-4▌ 한국디지털치료레크리에이션협회의 치료레크리에이션 교육 과정

코스	레크리에이션치료사(2급)	레크리에이션치료사(1급)
교육 내용	• 여가 및 레크리에이션 • 치료레크리에이션의 개념 • 치료레크리에이션 서비스모델 • 개별 대상의 치료레크리에이션 • 집단 대상의 치료레크리에이션 • 치료레크리에이션 활동 기술 • 치료레크리에이션 과정과 문서작성법(SA)	1. 치료레크리에이션 과정과 절차 2. 사정 3. 계획 4. 실행 5. 평가 6. 실습

척박한 치료레크리에이션 교육 현실에서 한국디지털치료레크리에이션협회의 전문가 양성은 매우 고무적으로 볼 수 있다. 그러나 미국 대학교의 교과 과정 및 한국직업능력개발원의 지침에 비하면 양질의 측면에서 매우 미흡한 면이 발견된다. 이는 향후 치료레크리에이션 전문가가 전문직으로서 역할을 하기 위해서는 많은 면에서 다각적인 노력이 필요하다.

3. 지도력

1) 지도력(leadership)과 지도자(leader)

지도력(리더십)이란 집단 내 변화를 도모하기 위해 리더가 취한 행동이다. 지도력은 집단과정에 초점을 두며, 집단 변화와 집단 활동에 좀 더 중요한 가치를 둔다. 또한 다른 사람의 과업을 완성하려는 노력을 유발하는 성격 특성이나 그 밖의 특성을 조합한다. 리더는 권력을 가지고 그것을 사용해 다른 사람의 행동 변화에 영향을 미치는 사람이다. 그리고 목표 달성을 위해 집단 성원을 도와 그들의 목표와 욕구를 성취 · 충족시키는 사람이다(박보식, 2012: 20).

이것은 치료레크리에이션 전문가가 지도력이 필요한 이유를 제시해준다. 치료레크리에이션 전문가는 클라이언트가 바람직한 여가활동에 참여할 수 있도록 클라이언트의 행동 변화에 목적을 두고 있다. 따라서 치료레크리에이션 전문가는 클라이언트가 목표를 얻을 수 있도록 클라이언트의 행동에 영향을 미치는 활동을 해야 한다(O'Morrow, 1976: 152). 즉 전문가는 클라이언트 집단 성원을 도와 이들의 여가와 관련된 목표와 욕구를 충족하는 목표를 달성해야 한다.

전통적으로 지도력은 지도자의 타고난 특성에 의존한다는 이론이 지배적이었으나 최근 지도력은 타고난 특성과 상관없이 주어진 환경 간의 관계에서도 발생할 수 있는 것으로 나타나고 있다.

참고 지도력의 구성요소

- **과정(process)으로서의 지도력**: 지도력은 리더가 다른 사람에게 영향을 미치기도 하고, 그들에 의해 영향을 받기도 하는 거래적 사건이며, 선형적이거나 일방적인 것이 아닌 상호작용적인 것을 말한다.
- **영향을 미치는 과정으로서의 지도력**: 지도력의 필수요건은 추종자들에게 영향을 미친다는 것이다.
- **집단상황에서 일어나는 현상**: 지도력은 성원들로 구성된 집단, 즉 공동목적을 가지고 있는 집단에 영향을 미치는 과정인 것이다. 이 경우 집단은 소집단일 수도 있고 공동체집단일 수도 있다. 그리고 집단 전체를 포괄하는 대규모 조직일 수도 있다.
- **공동목표 달성의 과정**: 지도력이 성원들로 구성된 집단을 지휘하여 어떤 과업이나 목표를 달성하는 것과 관련된 현상이다. 여기서 공동목표는 리더와 성원들이 공동적인 노력을 통해 함께 달성해야 할 상호적인 목표이며, '윤리적 함의'를 제공한다. 즉 목표달성을 위해 리더의 일방적인 영향에 의해서가 아니라 성원들과 함께 노력해야 할 필요를 강조한다.

치료레크리에이션 전문가는 클라이언트의 여가 관련 욕구를 해결하기 위해서 계획된 설계와 함께 구체적으로 실현하기 위해 클라이언트와 함께 노력해야 한다. 오모로우(1976)는 특수인구집단의 욕구를 성취하기 위해 치료레크리에이션 전문가가 클라이언트를 지원할 수 있는 지도력 요소로 다음과 같이 제시하였다(O'Morrow, 1976: 153).

- 특수인구집단이 목표를 성취할 수 있도록 지원할 수 있는 계획된 방식과 수단
- 다양한 기술을 얻을 수 있는 기초 기술 가르치기
- 팀워크의 질, 팀 운영, 허용, 자기 발견, 그리고 타인 권리에 대한 존중을 격려하기
- 인지적 행동에 필요한 정보를 제공하기
- 삶을 깨닫고 이해할 수 있기 위해 공동 목표를 수용할 수 있도록 지원하기
- 장비와 도구를 확보하기
- 특수인구집단이 성취감을 얻을 수 있도록 지원하기

2) 권력(power)

지도자가 목적을 성취하기 위해서는 다양한 전략을 구사할 수 있어야 한다. 이 중 권력(power)은 필수적인 수단이 된다. 권력이란 한 개인(집단)이 다른 개인(집단)을 움직일 수 있는 능력이라고 할 수 있다(임창희 · 홍용기, 2011: 228).

프렌치 · 라벤(1959)은 조직에서 사용되는 권력 기반을 다섯 가지로 보고 이에 따른 권력 유형을 구분하였다

첫째, 보상적 권력(reward power): 경제적 · 정신적 보상을 해줄 수 있기 때문에 생기는 권력을 말한다. 보상적 권력은 부하가 그 보상을 원하고 있다는 전제하에 가능하다. 가장 일반적인 방법은 부하에게 실질적인 보상을 제공하여 부하의 추종을 유발하는 것이다.

둘째, 강제적 권력(coercive power): 무력이나 위협, 감봉, 해고, 처벌 같은 부정적

보상을 피하려는 사람에게 행사는 권력을 말한다. 이 권력은 부하의 장기적 참여를 기대하기 어렵다. 소수에게만 적용될 때 효과적이다.

셋째, 합법적 권력(legitimate power): 서로 약속된 법에 의해 특정인에게 힘을 행사는 권력을 말한다. 권한 또는 지위권한이라고도 하는데 권력도구는 규정, 법규, 제도 등 공식적인 것이다.

넷째, 준거적 권력(reference power): 어떤 리더가 높은 신분과 덕망, 자질을 소유하고 있어 그 리더의 말이면 자연스레 복종해야겠다고 생각하고 추종하게 하는 리더 권력을 말한다.

다섯째, 전문적 권력(expert power): 특정분야나 특정상황에 대해 어떤 지식이나 해결방안을 잘 알고 있는 사람이 그것에 관해 잘 모르는 사람에 대하여 가지는 권력을 말한다. 이 권력은 업무에 대한 구체적인 전문 능력을 소지할 때 힘을 발휘할 수 있다(French & Raven, 1959; 임창희 · 홍용기, 2011: 234-341).

3) 역량

전문가는 자신의 역할을 충실히 수행하기 위한 역량(competence)을 개발하고 양성하는데 노력을 해야 한다. 치료레크리에이션 전문가 또한 이러한 요구에 부응해야 한다.

에진톤 등(2002)은 오스틴 · 포웰이 제시한 86가지의 역량을 4가지로 재구성하였다(Edginton, et al., 2002: 332).

첫째, 태도(attitudes)와 관련된 역량이다. 예를 들어, 레크리에이션 프로그램을 통해 장애인의 태도를 긍정적으로 증진시킬 수 있는 방법을 이해하는 역량을 말한다.

둘째, 영역과 시설(areas and facilities)과 관련된 역량이다. 예를 들어, 접근할 수 없는 환경에 따른 좌절감을 이해하는 역량을 말한다.

셋째, 장애인의 여가 관련 욕구를 옹호할 수 있는 철학적 입장과 관련된 역량을 말한다.

넷째, 레크리에이션 통합 집단을 촉진하는 방법을 알고 있는 지도력 관련 역량을 말한다.

참고 전문가 집단 지도의 효과적 방법

전문가가 집단을 지도하면서 원활한 지도력을 발휘하고 주어진 목적을 얻기 위해서는 다음과 같은 지침을 유념할 때 효과적이다(Zastrow, 2007: 162–163).

- 지도력은 책임을 공유하는 것임을 기억하라.
- 집단이 직면하고 있는 문제와 가장 적합한 의사결정 과정을 사용하라.
- 경쟁적이기보다는 협력적인 집단 분위기를 만들라.
- 반대와 갈등은 문제 해결을 위한 자연스럽고 바람직한 현상으로 바라보라.
- 개방적이고 우호적인 의사소통 분위기를 만들도록 노력하라.
- 회기를 종결하기 전에 어떻게 종결할 것인지를 알리라.

CHAPTER 08

13가지 활동영역

치료레크리에이션 전문가는 클라이언트의 여가와 관련된 욕구를 해결할 수 있도록 클라이언트에게 적합하면서도 활용할 수 있는 다양한 활동을 이해하고 이를 적절하게 적용할 수 있어야 한다. 특히 이를 잘 조화시킨 프로그램은 치료레크리에이션의 효과성을 입증하는데 중요한 역할을 한다(O'Morrow, 1976: 142).

1. 활동에 대한 이해

1) 활동의 정의

여기서 활동(activities)은 전통적인 레크리에이션 및 여가 활동만을 의미하는 것이 아니다. 활동은 토론, 강의, 쓰기, 인지 활동뿐만 아니라 전통적 및 비전통적 레크리에이션 활동 등 광범위한 행동 또는 프로그램 내용을 의미한다. 따라서 활동은 세부 목표와 바람직한 성과를 얻을 수 있는 행동, 내용, 또는 미디어 등을 의미한다(Peterson & Stumbo, 2000: 106).

2) 활동의 가치

치료레크리에이션은 “신체, 정신, 정서, 사회적 기능을 회복시키고, 개인의 성장과 발달을 증진시키기 위해 레크리에이션 서비스를 활용하는 의도적인 개입과정”으로 정의하였다. 이는 활동의 목적이 무엇인가를 제시해준다. 활동은 클라이언트의 신체, 정신, 정서, 사회적 성장과 발달을 증진하는데 목적을 갖는다(O'Morrow, 1976: 142). 이에 따른 치료적 가치는 다음과 같다.

- 진단과 평가를 돕는다.
- 병원이나 기관의 일상생활에 적응하도록 돕는다.
- 성장과 발달을 증진시킨다.
- 상호인간관계를 통해 사회성을 증진시킨다.
- 창조를 위한 기회를 제공한다.
- 현실 생활에 접근 가능하도록 한다.
- 적대적이고 공격적인 감정을 발산할 수 있는 장을 제공한다.
- 건전한 취미활동을 증진시킨다.
- 일상생활 활동을 위한 준비를 하도록 한다(O'Morrow, 1976: 147-152).

2. 13가지 활동 영역에 대한 이해

오모로우는 클라이언트에게 적용할 수 있는 활동을 13가지로 구성하였는데, 이는 여가상담, 여가교육, 레크리에이션 참여 서비스를 적용할 때 유용하다. 13가지 활동 영역을 정리하면 다음과 같다(O'Morrow, 1976: 142-146).

① 미술과 공예(Arts and Crafts): 이 활동은 창조적으로 표현할 수 있는 기회를 탐색하려는 사람에게 유용한 활동이다. 유채화, 수채화, 목공예, 목각, 대나무 세공 등이 여기에 해당한다. 주로 다른 영역의 활동에서 즐거움을 갖지 못하거나 이동이 어려운 사람에게 적합하다.

② 춤(Dance): 이 활동은 주로 움직임을 통해 열광적으로 표현하도록 하는 활동으로 다른 활동과 함께 병행하여 자주 사용된다. 특히 사회적 · 창조적 활동으로서 즐거움과 만족감을 가져올 수 있다. 고전 무용, 현대 무용, 사회극, 포크댄스 등이 여기에 해당한다.

③ 드라마(Drama): 이 활동은 보고 들은 것을 그대로 따라 하면서 자신을 표현할 수 있는 기회를 주는 활동이다. 정서적 표현을 할 수 있으며, 넓게는 정서 · 사회 문제를 다루는 수단으로서 활용되어 왔다. 창조극 또는 정신극(psychodrama)은 정신치료를 위해 잘 알려진 활동이다. 연극 활동, 뮤지컬, 판토마임, 인형극 등이 해당한다.

④ 관람 및 오락(Entertainment): 이 활동은 활동에 참여하기보다는 활동을 관람하는 것을 선호하는 것이다. 이를 통해 개인은 정서적 및 사회적 이점을 얻을 수 있다. 콘서트 참여하기, 음악 및 라디오 듣기, 영화 및 TV 보기는 이 활동에 해당한다.

⑤ 취미(Hobby or Special Interests): 관심을 갖고 일정 시간 즐겁게 참여하는 레크리에이션 활동이다. 이는 자신과 세상을 탐험할 수 있는 기회를 주는 탐험 요소를 포함한다. 이는 각기 사람들이 갖고 있는 상이한 욕구를 종종 만족시킬 수 있다. 수집하기(동전 수집, 우표 수집 등), 학습하기, 조립하기(모델 조립하기, 라디오 조립하기 등), 창조하기(바느질하기), 수행하기(국궁 및 양궁, 사격,

요리 등) 등이 여기에 해당한다.

⑥ 문학 활동(Literary Activities): 이 활동은 취미 활동과 매우 연관을 갖는 활동이다. 감상문 쓰기, 시 쓰기, 독서 클럽 활동, 기관 소식지 제작 등 읽기, 쓰기, 말하기 등이 여기에 해당한다.

⑦ 음악(Music): 음악은 모든 연령대 또는 계층에서 발견되는 표현 수단이다. 인간의 정서에 미치는 영향력이 강하며 다른 활동에도 기여를 한다. 일을 하거나, 식사, 또는 낮잠을 잘 때 방송 음악이 적절히 활용된다.

⑧ 자연 및 야외 레크리에이션 활동(Nature and Outdoor Recreation Activities): 이 활동은 다른 활동에 비해 관심을 널 삿는 경우가 있지만, 사회적 · 물리적 환경 속에서 관심을 자극하고 세상에 대한 지식을 얻을 수 있다는 점에서 장점을 갖는다. 야외 레크리에이션 활동은 인류에게 있어 생존을 위해 적용되어 온 오래된 활동이다. 개인은 이 활동을 통해 신체적, 정서적, 그리고 사회적 안녕감을 가질 수 있도록 한다. 하이킹, 탐험, 캠핑, 카누하기, 수영하기, 낚시 등이 여기에 해당한다.

⑨ 옥외 활동(Outing Activities): 이 활동은 야외 레크리에이션 활동과 관련성이 깊다. 이 활동은 심각한 손상으로 인해 일정 시간 사회적 접촉을 하지 못한 개인에게 사회에 접촉할 수 있는 기회를 준다. 특히 많은 기관들은 이들에게 신체적 · 사회적 접촉을 위해 이 활동을 활용한다. 미술관 관람, 박물관, 동물원, 수족관 관람 등이 여기에 해당한다.

⑩ 신체 활동(Physical Activities): 신체 활동을 정기적으로 참여하면서 신체적 이점을 얻을 수 있다. 많은 사람들은 즐거움, 만족감, 성취감, 동료애를 갖기 위해 이 활동에 참여한다. 근육 운동, 집단 경기, 경주, 그리고 스포츠 활동이 여기에 해당한다.

⑪ 사회 활동(Social Avtivities): 이 활동의 궁극적 목적은 사회성(sociability)이다.

이 활동에 참여하면서 개인은 사회적 욕구를 배우고 적응할 수 있는 기회를 얻는다. 일상생활에서 사회 경험의 중요성을 무시할 수 없기 때문이다. 생일 잔치와 같은 이벤트, 소풍, 테이블 게임 등이 여기에 해당한다.

⑫ 특별행사(Special Events): 이 활동은 사회 활동과 관련된 활동이지만, 개인 및 집단 수행을 위한 자극으로서 제공되고, 조직도가 높으며, 독특하고, 많은 사람이 참여하는 점에서 다르다. 화장품 쇼, 수공예 전시회, 토너먼트, 콘테스트 등이 여기에 해당한다.

⑬ 자원봉사(Vountary Service or Community Service Projects): 자원봉사 활동은 어떤 경제적 이득 없이 타인을 위해 필요로 하는 서비스를 제공하면서 동일한 만족감을 얻을 수 있는 여가 중 최고의 여가 활동이다.

치료레크리에이션 전문가는 활동의 치료적 가치를 이해하고 폭넓게 응용할 수 있어야 한다. 예를 들어, 주로 혼자 있기를 좋아하는 클라이언트에게 창조적으로 표현할 수 있는 기회를 주고 싶다면, 미술 및 공예 활동 영역에 해당하는 여가활동을 소개하거나 참여할 수 있는 기회를 제공할 수 있다. 생활시설에서만 거주하고 있는 클라이언트의 경우 지역사회와 연결하기 위해서 옥외 활동 영역에 해당하는 여가활동에 참여할 수 있는 기회를 제공할 수 있다.

참고 활동의 예[2)]

송철호(가명)는 현재 58세 남성으로 알코올 의존 성향을 갖고 있다. 장기간 알코올 의존으로 인해 가정불화(배우자로부터 이혼 제안을 받음)와 우울증을 동반하고 있다. 아침 일찍부터 저녁 늦게까지 금형 일을 하고 있으며 종종 밤을 새며 일을 하기도 한다. 집에는 잘 가지 못하고 공장에서 주로 생활을 하고 있다. 밤이 되면 외로움에 힘든 생활을 호소하였다.
클라이언트의 여가를 이해하기 위해 여가생활양식을 작성하고 여가상담을 실시하였다. 아동기 여가활동은 보고하지 않았고, 중학교 시절에는 친구와 함께 씨름을 하였음을 보고하였다.

고등학교 시절에는 친구들과 함께 만화가게에서 만화를 보거나 술을 먹었으며 여자친구를 사귄 것을 보고하였다. 청년기에서 장년기에 이르기까지 친구들과 술을 먹거나 여자 친구를 만나는 것으로 보고하였다. 현재에도 친구들과 만나 술을 먹고, 여자 친구를 만나거나 화투놀이를 하고 있음을 보고하였다.

클라이언트의 여가생활양식을 살펴보면, 대체로 고등학교 시절부터 친구들과 술을 먹고 여자 친구를 사귀는 활동에 집중하고 있음을 볼 수 있다. 한정된 여가활동(술 먹기)에 집중하고 있으며 특별한 여가 기술도 발견되지 않고 있다.

이에 단주 의지를 확인한 뒤 음주를 대체할 수 있는 활동을 찾기 위한 개입이 이루어졌다. 여가활동의 중요성을 다시 한 번 설명하고 바쁜 일상에서 본인의 여가생활양식을 고려한 적합한 여가활동을 친구 또는 주변 지인들과 함께 할 수 있는 활동을 찾도록 하였다. 단주를 통한 신체 건강 회복, 중학교 시절 씨름했던 경험, 배우자와의 관계 개선 욕구, 근력 운동을 통해 단주를 하고 있는 친구의 모습이 함께 작용하였다. 그리고 13가지 활동 영역 중 신체 활동으로 근력 운동을 선택하였다.

여가상담 이후 클라이언트는 자신에게 적합한 피트니스센터에 가입하여 정기적으로 근력운동을 하고 있다.

2) 본 사례는 알코올단주 전문가 송영우 님이 제공한 사례로 클라이언트(송철호)의 허락 아래 작성되었다.

CHAPTER 09

게임형 실천기술

1. 게임의 개요

1) 게임의 개요

게임(game)은 '흥겹게 뛰다'라는 인도유럽어 'ghem'에서 유래되었다는 설이 있다. 여기서 게임은 '흥겹다'는 정신적으로 즐거움을 느낀다는 뜻과 '뛰다'라는 동작을 나타내는 단어가 합성된 용어이다. 여기서 '즐거움'은 게임의 본질이 된다. 또한 어떤 목적의식을 갖고 그 목적을 달성하기 위한 연속되는 행위 과정이라고 할 수 있다(김오중 · 최장호, 2009: 148; 채준안 · 이준우, 2009: 295).

'기쁨'을 뜻하는 독일어 'gaman'에서 유래되었다는 설도 있다. 여기서 게임은 정상적 노동, 정신적 건강, 그리고 일상적 책임으로부터 떠나 휴식을 취하는 활동으로 광의의 관점에서 보면 놀이와 마찬가지로 문화의 실마리가 되며, 인류문화의 운명은 인간의 게임선택과도 밀접하다고 할 수 있다(김광득, 2008: 33).

웹스터사전에 의하면, 게임은 "정해진 규칙에 따라 승리 또는 패배를 수반하는 놀이를 나타낸다."라고 정의하고 있다(김오중 · 최장호, 2009: 149). 이는 게임이 놀이에서 시작된다는 것을 말한다. 즉 어린이의 순수놀이가 점차 조작 · 창작화 · 규칙화되어 청소년, 성인의 세련되고 엄격한 놀이(자연적 놀이에서 조직적 놀이로), 오락, 경기, 시합, 스포츠 등 여러 활동으로 발전되었다는 것이다. 다만, '놀이'가 보다 본능적 · 실천적이고 상징적 표상과 허구성이 있으면서 임의적 규칙에 따르는 아동적 · 학습적인 여가활동이라 하면, '게임'은 의도적이면서 고도의 형태인 인의적 · 조직적 · 규칙적이며 다소 상상과 계산적이고 경험적인 역량을 수반하는 여가활동이라는 점에서 차이를 갖는다.

게임을 하기 위해서는 우선 '경기'로서 경쟁이나 공격성을 가지는 시합이 되어야 한다(강남국, 1999: 189-192). 이를 위해서는 서로 자신들이 갖고 있는 기술과 실력을 겨룰 수 있어야 한다(채준안 · 이준우, 2009: 295). 서로 실력을 겨루지 않고 즐거움을 추구한다면 게임으로 보기 어렵다는 것을 의미한다. 혼자 책을 읽거나 영화를 보는 것을 게임이라고 하지 않는 것은 경쟁이나 공격성과 같은 요소가 담겨져 있지 않기 때문이다.

둘째, '규칙'으로서 시합을 일정한 틀, 범위 속에서 조직적 활동으로 원만하게 이끌어 나가지 않으면 안 된다. 게임이 경기와 규칙을 갖지 못하게 되면, 게임 본래의 매력을 상실하고 만다(강남국, 1999: 189-192). 따라서 단순히 규칙을 구성하는 것만이 아니라 명확한 규칙을 세우고 이를 목표에 맞도록 운영해나가는 것이 필요하다.

셋째, 제반 조건이 갖추어져 한다. 일정한 장소와 시간 내에 이루어져야 하며, 시설과 장비, 개인적인 도구와 용품, 아이디어와 진지함이 포함되어야 한다.

2) 게임 지도의 유의점

치료레크리에이션 전문가는 게임을 이끌어갈 때에 다음과 같은 사항을 유의해야 한다.

(1) 지도 전

- 프로그램 진행을 재차 머릿속에서 정리하고 준비사항을 재점검한다.
- 분위기가 예상외로 저조할 때를 대비해서 자신 있는 게임을 1~2개 예비로 준비해 둔다.

(2) 지도 요령

- 밝은 유머로 누구에게나 호감을 갖게 하는 복장, 언어구사로 지도한다.
- 전문가의 위치는 전원이 보이고, 소리가 잘 들리는 곳으로 한다.
- 크고 분명한 목소리와 몸 전체를 사용한 큰 몸짓으로 지도하며, 모두의 기분을 전문가에게로 끌어당기는 것이 중요하다.
- 게임 내용과 대상인원수, 장소의 크기에 따라서 호루라기와 마이크 등의 소리신호도 중요하며, 박자가 잘 맞는 박수도 게임을 흥겹게 하는 좋은 반주가 된다.
- 게임 설명은 간결하고 확실하게 한다. 시범그룹 또는 개인에게 실제로 시범을 보이도록 하는 것도 좋다.
- 집단을 지도하면서 집단 한 사람 한 사람에게 말을 걸어 방관자가 생기지 않도록 하는 것도 중요하다.
- 게임 시작과 종료 신호를 분명히 하고 참가자의 흥미가 식기 전에 다음 게임으로 이행한다.

게임을 운영할 때 주의해야 할 것은 지나친 경쟁이다. 적당한 게임은 심리적인 카타르시스를 일으키고 감정을 순화시켜 레크리에이션 활동이 되지만, 지나친 경쟁에 의한 몰입, 조작, 과욕일 때는 레크리에이션의 본질적인 틀이 깨지게 된다. 더구나 금전적인 내기시합으로 발전할 경우, 자칫 이성을 잃게 되고 비신사적인 행위로 사행, 변칙, 압박을 가져오게 되어 결국에는 도박으로 연결되기 쉽다(강남국, 1999: 189-192).

3) 게임형 실천기술

치료레크리에이션 전문가가 게임기술을 활용하는 이유는 게임이 즐거움을 얻기 위한 활동이라는 점이다. 게임을 통해 즐거움을 경험하는 참여자는 지도자와 초기 관계를 형성하고 다른 참여자간의 친밀감을 형성하는 데 도움을 준다. 또한 이러한 친밀한 분위기 속에서 참여자들은 치료레크리에이션 활동 참여를 촉진할 수 있다.

특히 게임에 내재되어 있는 경쟁적 요소는 인간의 본성인 승부욕을 자극하여 집단 활동의 역동성을 증대시킬 수 있다. 따라서 경쟁을 활용한 다양한 활동을 통해 클라이언트의 흥미를 유도함으로서 클라이언트의 긍정적 변화를 가능하게 할 수 있다(채준안 · 이준우, 2009: 295).

2. 게임형 실천기술 실제[3)]

다음은 프로그램 구성단계별로 게임기술을 활용한 다양한 활동들이다. 단, 대상의 기능적 특성과 한계에 따라 적용이 어려운 활동도 있다는 것을 숙지해야 한다.

1) 도입단계

다음에 소개되는 다양한 활동들 중에서 상황에 적절한 것을 선정하여 진행한다. 그리고 본 활동 개입단계에서 각각의 본 활동 사이에 적용해도 무관하다.

(1) 스팟 게임(Spot game)

스팟 게임은 전체 프로그램의 시작 부분에서 활용되는 기술이다. 치료레크리에이션 전문가가 각 참여자에게 흥미를 유발시키고 본 활동에 들어가기에 앞서 참여자의 주의를 집중시킬 수 있다.

스팟 게임을 할 때에는 조잡성이 없어야 한다. 또한 의도한대로 실시되지 않을 경우에도 자신감을 잃지 말고 다음 단계로 넘어가야 한다.

▌표 9-1▌ 스팟 게임 활동

목적	활동
손 유희 동작 활동	코귀 바꿔 / 엄지애지 춤
지도자의 언행을 따라 하는 활동	가라사대 / 땅따당
순발력을 요하는 활동	상하좌우
음악을 이용한 활동	Sing Along / Motion Song
규칙을 찾는 활동	기준입니다 / 손가락 맞추기

3) 본 내용은 한국디지털치료레크리에이션협회 교재 내용 중 일부를 정리한 것이다.

활동의 예 1. 상하좌우

1. 지도자의 말과 행동을 따라하게 한다.
2. 지도자는 양손을 높이 들고 "위로", 양손을 밑으로 내리며 "아래로", 양손을 옆으로 벌리며 "옆으로", 양손을 앞으로 나란히 하며 "앞으로"라고 외치면 대상자들은 진행자의 지시에 따르도록 한다.
3. 위의 동작이 익숙해지면 진행자의 말과 행동에 반대로 시행을 한다. "위로→아래로, 아래로→위로, 옆으로→앞으로, 앞으로→옆으로"

(2) 서클게임(Circle game)

서클게임은 집단 참여자들이 원형 또는 반원으로 둘러있는 상태에서 행해지는 활동으로, 친밀하지 않았던 다른 참여자들과도 친밀감을 조성 할 수 있다. 서클게임을 실시할 때에는 서로 친분이 있는 참여자끼리 모여 있는 집단을 골고루 흩어 놓아야 하며, 흥미욕구를 자극하기 위해 간단한 벌칙을 준비한다. 단, 동적인 활동이 많으므로 주의를 요한다.

활동의 예 2. 모셔오기

1. 모두가 앉은 자리에서 한자리만 빈자리로 남겨둔다.
2. 빈자리의 양옆에 앉아있는 사람은 서로 손을 잡고 건너편이나 옆으로 가서 빈자리에 앉을 한 사람을 데려와서 앉힌다.
3. 누군가를 데려왔기 때문에 자리가 또 비게 되고 ②번과 마찬가지로 실시하면 된다.
4. 익숙해지면 노래를 하며 진행을 하는데 노래가 끝날 때까지도 자리를 채우지 못하게 되면 벌칙(가운데 손님은 제외)을 받는다.

2) 본 활동 단계

본 활동 단계는 집단역동성을 증가시켜 목표에 도달할 수 있도록 운영하는 단계이다. 집단 활동을 중심으로 프로그램을 진행할 경우 주로 하위집단을 구성하여 진행하게 된다. 그 이유는 하위집단의 구성을 통한 경쟁 활동이 집단역동성을 증가시키기 때문이다.

여기서 하위집단은 조(subgroup)를 의미한다. 조별 경쟁 활동의 경우, 각 조의 대표자가 차례대로 스테이지에 나오게 하여 파트너 게임에 참여할 수 있고 또는 그룹게임으로 각 팀원들이 상대팀원들과 대항하여 특정과제를 수행해나가는 집단게임에 참여할 수도 있다.

(1) 파트너게임 (Couple game)

파트너게임은 각 팀에서 한 명씩 대표로 하여 지도자가 있는 무대로 차례대로 나오거나 또는 각 자리에서 옆에 위치한 참여자와 짝(반드시 남여가 짝을 이루어 실시하는 활동이 아니다)을 이루어 개입할 수 있는 실천기술이다.

① 실시방법

- 순발력을 발휘할 수 있는 활동을 하는 것이 좋다.
- 모든 참여자가 참여할 수 있어야 한다.
- 간단한 도구를 이용한다.
- 간단한 인터뷰를 실시한다. (예: 자기매력/ 여가활동/ 가장 좋아하는 물건 등)

② 주의사항

- 한 활동이 길지 않도록 한다.
- 상대방 커플과 좋은 관계를 유지하여야 한다.
- 커플 짓는 방법에 신경을 써야 한다(각 조별 경쟁을 할 때 수준이 비슷한 참여자끼리 구성할 수 있도록 한다).

활동의 예 3. 준비땅

1. 가위바위보를 통해 이긴 사람과 진 사람의 역할을 나눈다.
2. 진 사람은 손바닥을 모으고 이긴 사람은 그 손에서 좌우로 30cm 떨어져서 때릴 준비를 한다.
3. 지도자의 "준비땅" 소리와 함께 이긴 사람은 손뼉을 치듯이 양손을 동시에 때리고 진 사람은 손을 교차하여 아래위로 피한다.
4. 한 번씩 교대로 시행한다.

(2) 그룹게임(Group game)

그룹게임은 팀원 모두가 참가하는 활동으로, 집단역동성(Group Dynamic)을 높여 참여자의 목표를 달성할 수 있도록 한다.

① 실시방법

활동참여에 따른 일반적인 순서를 숙지하고 있어야 한다.

- 팀명 선정: 모임의 특성에 맞는 팀 이름을 구성원 스스로 만들도록 한다.
- 팀 대표 선발: 지루해지지 않도록 신속하게 선발한다.
- 대표능력평가(예: 산에서 외침, 웅변대회(검찰청 철창살))
- 인원이 편중되지 않도록 비슷한 인원수의 팀으로 편성한다.
- 팀별 경합형식을 취하여 우수 팀만 선정한다.
- 팀 전체와 개인의 개별화를 중요시 여겨야 한다.

② 주의사항

- 각 팀원들끼리 단합하여 활동에 참여를 할 때 적극적인 도움과 배려를 하여 모든 참여자가 함께 참여할 수 있는 분위기를 유도한다.
- 집단역동성이 최고조에 이르렀을 때 다음 활동으로 넘어간다.
- 점수평가는 공정해야 한다. (단, 특별경우 융통성 가능)

CHAPTER

10 심성계발훈련

1. 심성계발훈련의 이론적 배경

1) 심성계발훈련에 대한 이해

심성계발훈련은 1947년 경 미국의 메인 주(Maine) 베델(Bethel)에서 전 미국 교육협회가 주동이 되어 실험실 방법을 시도한 것이 최초이다. 집단역학 연구자들은 집단에 기대하는 효과를 꾀하여 집단 훈련방법(Training Group: T 그룹)을 착안하고 이를 실험적으로 시도한다. 이후 집단 훈련방법은 종전의 심리치료적인 입장에서 교육적인 훈련 방법으로 전환하게 되고 이러한 움직임은 다양한 형태로 발전하게 된다. 보다 깊은 인간탐구에 대한 체험학습이라는 공통점은 건강한 사람들의 입장에서 보다 높은 수준의 자아실현과 대인관계의 발전을 목적으로 하고 있다.

심리학자 · 교육학자 · 사회학자 · 인류학자 · 의사 · 교사 및 카운슬러 등 다양한 영역의 전문가들이 독특한 입장에서 각각 공헌하였다. 산업계의 경영, 관리인을 위한 연수교육에 활용되었으나 점차 교육계로 확산되어가고 있으며 교육목적과 성취하고자 하는 성장의 수준에 의해 각기 다른 형태로 발전하게 되었다(김려옥, 1989: 2-3).

2) 심성계발 프로그램

심성계발 프로그램의 지칭은 인간이 지닌 참된 마음과 감성으로써 어떤 장면에서 구성원들이 느낀 점을 서로 솔직히 말하고 타인의 느낌을 경청하거나 또는 마음의 상태를 행동(태도)으로 나타내는 과정을 통해 자기와 타인의 개성을 서로 이해하고 받아들이게 되어 집단 및 구성원 개개인이 성장하도록 한 것에서 기인한다(김려옥, 1989: 41).

(1) 목적

심성계발 프로그램의 목적은 ① 인간에 대한 현실 이해, ② 자율적인 정원 협동학습, ③ 인간의 주체성 · 독자성 · 사회성의 개발, ④ 창조력 개발의 훈련, ⑤ 긍정적 자아개념의 확립 등이다(김려옥, 1989: 51-59).

(2) 특징

심성계발 프로그램이 다른 집단 활동과 다른 특징으로는 다음과 같이 들을 수 있다(김려옥, 1989: 59-62).

- 집단 구성원 전원이 학습에 몰입한다.
- 완전히 자발적인 학습이다.
- 경험할수록 참여 의식이 높아진다.
- 학습의 생활화를 경험한다.
- 돕는 이도 함께 성장한다.
- '돕는 이'의 역할이 매우 쉽다.
- 연령 · 학력의 차이 없이 활용이 가능하다.

- 최소 집단에서 대집단까지 적용이 가능하다.
- 종류와 활동이 다양하다.
- 어느 곳에서든지 할 수 있다.

(3) 지도자의 자세

- 항상 즐거운 분위기를 마련하는 데 최선을 다한다.
- 실수와 과오를 할 수 있는 자유까지 주며 오히려 안심과 용기를 주어야한다.
- 실천을 통한 실패의 경험으로 스스로 처리하는 능력을 키워 주어야 한다.
- 개성의 차이를 인정하고 존중한다.
- 건의하는 내용의 생각, 의견, 비판 등에 대해 경청하는 태도를 가짐으로써 발표하는 용기를 준다.
- 공포심 없이 상의할 수 있게 된다.
- 모든 생각, 계획, 결정의 독점을 피하여야 한다.
- 지나친 권위주의나 복종의 강요는 인간의 존엄성을 무시하는 행동이다.
- 독단적인 분위기를 창조적 발휘를 불가능케 한다는 것을 깨달아야 한다.
- 모든 회원과 친화하는 분위기를 격려한다.
- 호감을 받기위하여 지나친 돌봐줌은 금해야 한다.
- 스스로 하도록 격려한다.
- 화를 내서는 안 된다.
- 압박감이나 긴장감, 모욕적인 언행을 해서는 안 된다.

2. 심성계발 프로그램 실제[4)]

심성계발 프로그램은 여가교육 서비스를 제공할 때 적용할 수 있는 실천기술이다. 다음은 프로그램 단계별로 심성계발 프로그램을 활용한 활동들의 예이다. 단, 대상의 기능적 특성과 한계에 따라 적용이 어려운 활동들도 있다는 것을 숙지해야 한다.

1) 도입단계

다음에 소개되는 다양한 활동들 중에서 상황에 적절한 것을 선정하여 진행한다.

- 자기소개
- 별칭 짓기
- 토픽플레이: 본 활동에 들어가기 전에 가벼운 주제를 가지고 서로 이야기를 나누는 활동이다. 토픽플레이를 할 때에는 즐거운 상상을 할 수 있도록 가벼운 주제를 선정하며, 모든 참여자에게 의사표현의 기회를 주도록 한다.

토픽의 예
- 지난 한 주 동안에 가장 재미났던 일
- 타임머신을 타고 가장 가고 싶은 곳
- 1억 원 복권에 당첨된다면 가장 먼저 하고 싶은 것 등

4) 한국디지털치료레크리에이션협회 교재 내용 중 일부를 정리한 것이다.

2) 본 활동 개입단계

(1) 초기단계에 가능한 활동

집단형성의 초기단계에서는 교육의 효과를 극대화시키기 위하여 집단성원과 교육자, 그리고 집단성원 간의 관계형성이 선행되어야 한다.

활동의 예 심성-1. 여가이름 빙고

1. 참여자 모두 둥글게 앉는다.
2. 첫 번째로 자기소개를 할 사람을 선정한다.
3. 소개를 시작할 사람은 자기 성의 첫 음절로 시작하는 자기의 여가활동을 이름과 함께 소개한다. (예) "나는 혼자 쇼핑하기를 좋아하는 홍길동입니다."
4. 이와 같은 방법으로 오른쪽 방향으로 위치한 사람들이 계속 자기소개를 한다. 단, 자신의 소개를 하기 전에 앞서 소개한 사람들의 이름을 외운 후 자신의 이름을 마지막으로 소개한다.

활동의 예 심성-2. 이보다 더 좋을 수 없다

1. 참여자 모두 자연스럽게 위치하여 선다.
2. 참여자는 교육자가 제시한 두 가지의 제시어(두 개의 상반되거나 관련 있는 여가단어)를 듣고 자기가 좋아하는 여가단어를 선택한다.
   ☞ 예) 영화감상: 연극관람 / 운동화: 구두 / 여름: 겨울 / 한식: 양식 / 계획: 무계획
3. 참여자가 동일한 여가단어를 선택한 사람들과 집단을 형성하여 대화를 나눈다.
4. 이와 같은 방법으로 다양한 여가단어를 활용하여 공통소재를 중심으로 이야기를 나누도록 분위기를 유도한다.

(2) 여가인식과 관련된 활동

활동의 예 심성-3. 나와 여가

1. 참여자는 두 명씩 짝을 짓는다.
2. 짝을 이룬 참여자들은 칠판에 부착한 다양한 활동이 그려진 그림카드를 보면서 아동기 때 했던 활동이 그려진 그림카드를 고른다.
3. 짝끼리 그 밖에 어릴 때 즐겼던 놀이에 대하여 서로 이야기한다.
4. 참여자는 현재 즐기는 놀이에 대하여 부착한 그림카드를 보고 고른다.
5. 참여자는 그 밖에 현재 즐기는 활동에 대하여 이야기한다.
6. 참여자는 "가장 한가한 시간에 하는 것, 어떤 것을 할 때 가장 행복한가? 왜 그런 활동을 하는가?" 등에 대하여 보다 구체적으로 이야기한다.
7. 교육자는 스스로 원하여 즐기는 모든 활동이 여가활동이라고 교육한다.

활동의 예 심성-4. 여가의 이점

1. 참여자는 두 개의 집단으로 나눈다.
2. 참여자는 빈 종이와 연필을 준비한다.
3. 교육자는 여가활동이 적힌 단어카드들이 담긴 가방 속에서 한 장의 카드를 집는다.
4. 각 집단은 교육자가 말하는 여가활동을 듣고 해당하는 여가활동을 통하여 얻을 수 있는 이점들을 각각 종이에 적는다.
5. 제한 시간 내에 가장 많이 적은 팀이 우승한다.

활동의 예 심성-5. 여가빙고

1. 두 개조로 나뉜 참여자들은 각각 활동지를 준비한다.
2. 맨 아래 줄 빈칸에는 봄에 즐길 수 있는 여가활동에 대하여 서로 의논하여 적는다.
3. 참여자가 선택한 여가활동은 실제로 했든지 아니했든지, 본적이 있든지 혹은 거의 들어본 적이 없던 것이든지 상관없다.
4. 그 위 빈칸에는 여름에 즐길 수 있는 여가활동에 대하여 서로 의논하여 적는다.
5. 그 위로는 가을, 겨울로 구분하여 적합한 여가활동을 서로 의논하여 적는다.
6. 모두 기록한 후에 단어빙고게임을 통하여 가장 먼저 빙고가 된 조가 우승하는 것으로 한다.
7. 여가활동의 다양성에 대하여 토의한다.

3) 느낌 나누기

다양한 실천기술을 활용하여 본 활동을 개입한 후 마무리단계로 넘어가기에 앞서 본 활동의 의미를 명확화 시키는 것이 중요하다. 왜냐하면 본 활동을 개입한 목표가 참여자의 목표 행동을 유도하기 위한 의도가 내포되어 있기 때문에 참여자로 하여금 직접 본 활동의 의미를 인식할 수 있도록 해야 한다. 본 활동에 참여한 참여자들이 각각 어떤 것을 배웠으며, 어떤 것들이 인상적이었는가 등에 대하여 서로 이야기를 나눈다.

CHAPTER 11

가족여가

1. 가족여가에 대한 이해

가족은 개인의 여가에 일차적으로 영향을 미치는 체계이다. 또한 동시에 가족은 여가와 관련된 공동 문제를 해결해야 하는 클라이언트 체계이기도 하다.

최근 가족여가(family leiusre)에 대한 관심이 증가하고 있다. 그 이유는 현재 여가와 관련된 초점이 개인에 초점을 맞춘 한계에서 볼 수 있다. 가족여가의 필요성을 주장하는 연구들에 따르면, 개인의 여가는 가족 구성원으로부터 영향을 받으며 그들과 여가활동에 참여하면서 여가를 배운다는 점에 주목한다(Kelly, 1975; Peterson & Gunn, 1992; Peterson & Stunmbo, 2000). 즉, 공동 공간 속에서 개인은 가족 구성원과 상호작용을 경험하고 이러한 과정 속에서 자신의 여가를 학습하게 된다. 이것은 가족여가가 개인여가와 달리 사회적 맥락 및 상호작용적 관점이 필요하다(Saw & Dawson, 2001)는 것을 의미한다.

1) 가족여가의 정의

가족여가는 2인 이상의 가족구성원이 스스로 선택한 여가활동에 참여하는 것을 말한다. 부부가 참여하는 형태, 부모 1명과 자녀가 참여하는 형태, 가족 모두가 참여하는 형태로 구분할 수 있다. 쇼우(1997)는 많은 연구자들이 가족여가를 정의내릴 때 자녀가 있는 양성 부모가족에 초점을 맞추고 있는 것을 지적한다. 현대 사회에서 가족의 다양성(한부모 가족, 다문화가족, 동성애 가족 등)의 존재를 고려하는 것이 필요하다는 것이다.

2) 가족여가의 유형

(1) 오드너의 가족여가 유형

오드너(1975, 1976)는 부부의 여가를 개별여가, 병렬여가, 공동여가로 구분하고 상호작용 정도를 제시하였다. 개별여가는 배우자 없이 개인이 개별적으로 또는 다른 사람과 여가에 참여하는 것을 말한다. 이 유형은 가족의 의사소통이나 공유에 대한 책임감으로부터 벗어나 개인을 이완시킬 수 있는 장점을 가지고 있다. 그러나 이 유형에 참여하는 비율이 높을수록 부부 관계 및 결혼 만족도에는 부정적 영향을 미친다. 병렬여가는 동일 시간에 동일 여가 활동을 개별적으로 참여하는 것을 말한다. TV 시청 및 영화 관람이 이 유형에 속하는데, 가족이 함께하고 있다는 점에서 개별여가보다는 가족과 여가에 참여하지만, 의사소통이나 상호작용은 거의 일어나지 않는다. 공동여가는 부부가 함께 여가에 참여하는 유형으로 많은 상호작용이 일어나는 유형이다. 이 유형은 최적의 의사소통, 대안적 역할 형성, 문제 해결, 결혼만족도 향상을 이끈다(Othner, 1975, 1976).

(2) 켈리의 가족여가 유형

켈리(1975)는 가족여가를 무조건적 여가, 병행적 여가, 보충적 여가로 분류하였다. 그에 따르면, 무조건적 여가는 일, 가족, 지역사회에서의 역할을 벗어나 스스로 자유롭게 선택한 여가활동을 말한다. 병행적 여가는 스스로 선택한 활동이지만 현재 종사하고 있는 일과 같은 여가활동을 말한다. 이것은 참여하지 않아도 일처럼 벌칙을 받지는 않는다. 교사가 집에서 책을 읽거나 산업기능인이 스스로 만족을 얻기 위해 집에서 선반 일을 하는 것이 이에 해당된다. 보충적 여가는 일, 가족, 지역사회로부터의 기대에 의해 선택한 여가활동이다. 이것은 절대적으로 요구되는 것은 아니지만 타인으로부터 강제에 의해 참여가 이루어진다(Kelly, 1975).

(3) 자브리스키의 가족여가 유형

자브리스키(2001)는 가족여가 유형을 크게 핵심가족여가유형과 균형가족여가유형으로 구분하고 각 유형별 기능과 성과를 제시하였다. 이 모형은 켈리의 여가유형과 이소-아홀라의 여가행동이론을 통해 창안되었다. 켈리에 따르면, 개인은 생애 과정을 밟아가면서 서로 다른 여가 양식을 추구하게 된다. 하나는 영속적이고 접근이 가능하며 생애 과정 속에서 지속되는 안전성을 추구하는 여가 양식이다. 또 하나는 접근이 다소 어렵고 생애과정 속에서 변화되는 신비성을 추구하는 여가 양식을 말한다(Kelly, 1996, 1999). 이소-아홀라는 여가는 2가지 힘이 상호작용하는 변증법적 과정으로서 특징을 갖고 있다고 하였다. 즉 개인의 여가는 안정성과 변화, 구조와 다양성, 친숙함과 신비성 모두를 찾으려는 경향을 갖는다. 개인은 여가 경험과 행동 속에서 안정성과 변화 모두 필요로 한다(Iso-Ahola, 1984). 자브리스키는 이러한 여가 양식모형을 가족에 적용하여 핵심가족여가유형(core family leisure pattern)과 균형가족여가유형(balance family leisure pattern)으로 발전시켰다. 핵심가족여가유형은 주로 가족이 가정에서 일상적으로 자주 참여하는 유형으로, 비용이 적게 들고, 쉽게 접근이 가능한 유형이다. 또한 계획과 자원이 많이 필요 없으며, 자발적으로 이루어지는 비공식 여가 활동이다. 가족은 핵심가족여가유형에 참여하면서 친밀감과 응집력을 높인다. 반면, 균형가족여가유형은 주로 새로운 경험을 얻기 위해 가족이 참여하는 유형으로, 일상에서 대중적으로 참여하지 않으며 자주 수행하지도 않는다. 또한, 다소 자발성이 떨어지며 공식적이고, 시간, 돈, 노력, 계획 등 많은 투자가 필요하다. 가족은 균형가족여가유형에 참여하면서 새로운 경험을 얻으며 이를 통해 신비감과 변화를 얻는다. 가족체계이론가들은 가족응집력과 가족적응력 간의 균형이 건강한 가족의 주요 요소임을 제시하였는데, 이 모형은 두 가족여가유형의 균형이 이루어질수록 가족기능이 향상된다는 것을 제시하고 있다(Zabriskie, 2001).

3) 가족여가의 효과

가족여가의 중요성은 가족의 기능과 가족관계의 질이 향상될 수 있으며, 삶의 질과도 관련성을 갖고 있는 것으로 볼 수 있다. 구체적으로 제시하면 다음과 같다.

- 가족 간의 의사소통이 향상된다.
- 가족 간의 연대의식과 공동일체감을 향상시킨다.
- 부부여가는 결혼만족도를 향상시킨다.
- 개인의 우울증이 감소된다.
- 삶의 만족도가 향상된다.

APTER

12 네트워크

1. 네트워크

치료레크리에이션 전문가는 클라이언트의 여가 욕구를 해결하기 위해 노력하지만 모든 부분을 해결할 수 없다. 이는 클라이언트의 여가 욕구가 너무나 광범위하기 때문이다. 이를 해결하기 위해서는 다양한 사회자원과 연계가 무엇보다도 필요하다. 특히 다양한 여가 환경을 구축하고 이들과 연결할 수 있는 연계 기술이 매우 필요하다.

1) 네트워크의 개요

네트워크(network)는 'net(망)'와 'work(작업)'의 합성어로 사전적 의미로는 그물과 같은 망을 의미한다. 사회적 관점에서는 하나의 사회적 존재와 다른 사회적 존재 간의 연계된 체계 또는 상호작용의 관계 등의 개념으로 이해할 수 있다(이준우 외, 2011: 240).

2) 네트워크 활동 수준

네트워크 형태에는 여러 가지 형태가 있다. 네트워크를 하기 위해서는 다양한 형태를 이해하는 것이 필요하다.

(1) 연락(communication)

연락은 정보 교환 및 공유 단계를 말한다. 즉 여가와 관련된 정보를 다른 전문 조직 및 환경과 교환하고 공유하는 것을 말한다. 이러한 네트워크를 통해 서비스의 효과성을 증대할 수 있지만, 가장 낮은 수준의 네트워크에 해당한다.

(2) 제휴(cooperation)

제휴는 정보공유와 협력을 통해 기관의 이익과 불필요한 중복을 피하기 위한 것으로, 최소한의 자원 공유에 한정된다는 점에서 한계를 갖는다. 단, 이때 기관에 요구되는 책임은 거의 없다.

(3) 조정(coordination)

조정은 여가와 관련된 서비스의 중복을 피하고 자원활용의 효율성을 도모하는 데 도움이 되는 형태로서, 주로 정기모임이나 회의를 통해 활동이 이루어진다.

(4) 협력(collaboration)

협력은 단일 프로그램이나 서비스에 참여하는 연계 구조를 말한다. 서로 다른 기관이 단일 프로그램 또는 서비스에 함께 참가하는 것을 말한다. 이때 각 기관은 자신의 기관이 갖고 있는 정체성을 유지하면서 자원을 공유하는 것이 필요하다.

(5) 통합(integration)

통합은 각 기관들이 서비스 제공을 위해 통합하는 것을 말한다. 즉 새로운 조직체로서의 정체성을 가지는 것을 말한다(오정수 · 류진석, 2009: 224-225)

2. 치료레크리에이션에서의 네트워크

로버트슨과 롱(2008)은 타기관과의 협력은 프로젝트, 프로그램, 단위행사를 수행하는데 필수적인 것으로 네트워크 기술 완성을 강조한다. 치료레크리에이션 전문가가 치료레크리에이션 현장에서 네트워크를 통해 얻을 수 있는 목적을 다음과 같이 제시하였다(Robertson & Long, 2008: 49).

- 활동 기술과 성과를 개발하기
- 직업 기능과 조직 간 또는 조직 내 차이에 가교 역할하기

- 공식적 및 비공식적 의사소통 활성화하기
- 정보 수집과 운영하기
- 자원 교환과 상호 변화를 촉진시키기

치료레크리에이션 전문가는 네트워크의 효과성을 얻기 위해서는 다음과 같은 전제 조건이 마련되어야 한다(오정수 · 류진석, 2009: 228-230).

첫째, 네트워크 참여에 대한 동기부여가 있어야 한다. 치료레크리에이션 전문가와 각 기관이 클라이언트를 위해 공동의 목적을 마련하고 함께 노력한다는 동기가 조성되어야 한다. 이럴 경우 적극적인 참여가 가능하고 공동체 의식이 형성되며 연대가 가능하게 된다.

둘째, 협력장애가 극복되어야 한다. 각기 다른 성격을 갖고 있는 조직이 협력을 하기 위해서는 형성 과정에서 발생하는 장애물을 극복해야 한다. 이를 위해서는 실무자 간의 합리적인 업무조정과 협력에 대한 인식이 제고되어야 한다.

셋째, 네트워크 참여조직의 전략적 적합성(필요성)이 필요하다. 네트워크를 통해 서로 도움을 주고 받을 수 있어야 한다. 즉 호혜성이 마련되어야 한다.

넷째, 신뢰이다. 신뢰는 네트워크에 있어 가장 기본적인 전제 조건이다. 서로 믿지 못한다면 공동의 작업을 수행할 수 없다. 이는 곧 클라이언트의 여가 만족에 장애물이 될 것이다.

Therapeutic Recreation

PART

05

치료레크리에이션 촉진기술

들어가기 전에

치료레크리에이션 전문가는 클라이언트의 욕구 해결을 위해 필요한 실천기술을 적용한다. 실천기술의 효과를 얻기 위해서는 이를 뒷받침할 수 있는 기술이 필요한데 이를 촉진기술이라고 한다.

많은 치료레크리에이션 전문가들은 실제 현장에서 다양한 촉진기술을 실천기술과 병행하여 사용하는 것이 바람직할 것이다. 그럼에도 불구하고 어떤 이론적 배경 속에 촉진기술을 사용하고 있는지에 대해서는 연구가 미흡한 실정이다.

5부에서는 치료레크리에이션 촉진기술 중 일부를 소개하고자 한다.

CHAPTER 13

칭찬과 격려

1. 개요

칭찬(praise)과 격려(encouragement)는 클라이언트의 변화와 관련하여 인간 서비스 분야에서 많이 활용하는 기법이다. 칭찬과 격려는 클라이언트의 치료레크리에이션 현장에서도 개인 및 집단을 대상으로 서비스를 제공할 때 유용하게 사용할 수 있는 기법으로 고려할 수 있다.

때로는 칭찬과 격려를 정확히 이해하지 못하거나 구분 없이 사용하는 경우가 있다. 그러나 두 기법에 대한 차이를 구분하여 적절하게 사용한다면 클라이언트의 여가능력을 향상시키고 여가 관련 욕구를 충족시키는 데 도움이 될 것이다

2. 정의

칭찬은 사전적 정의로 '다른 사람의 좋고 훌륭한 점을 들어 추어주거나 높이 평

가함'을 말한다. 격려는 개인심리학에서 주요 기법의 하나로 여겨왔던 기법으로, '용기나 힘 따위를 북돋아 줌'을 말한다. 칭찬이 개인의 나타난 결과에 중심을 둔 평가라면 격려는 과정에 중심을 두고 있음을 볼 수 있다. 딩크마이어와 스페리(Dinkmeyer Jr. & Sperry, 2000)는 칭찬이 일반적인 외형적 부분에 초점을 둔 것이라면 격려는 내면적인 능력과 긍정적인 기대를 지향하는 것으로 구분하였다(김춘경 역, 2004: 179).

예를 들어, 지도자가 게임에서 이긴 성원에게 "잘 했어. 오늘 집중하는 모습이 좋았어."라고 말한다면 이는 게임을 이기기 위해 보인 태도(집중하는 모습)에 대한 칭찬을 말한다. 반면, 지도자가 "오늘 게임을 이긴 이유가 뭘까? 집중력이 돋보였어. 그렇다면 학교 수업 시간에 오늘 보인 모습을 할 수 있다면 어떤 결과가 나타날까?"라고 말한다면 이는 격려에 해당한다.

3 이론적 배경

인간 발달과 관련하여 칭찬과 격려는 그 성과가 주는 효과로 인해 매우 중요한 기법으로 적용해 왔다. 이와 함께 칭찬과 격려 중 어떤 것을 우선 적용해야 할 지에 대한 논의도 발달해 왔다.

먼저 칭찬은 어떤 행동에 대해 '잘 했구나'라고 표현한다. 이는 칭찬을 받는 당사자에게 기분을 좋게 하고 욕구가 충족되며 자신감과 동기를 갖게 한다. 삶의 현장에서 삶의 기쁨을 맛보고 학습에 높은 성취감을 갖게 하면서 다른 행동을 위한 시너지 효과를 줄 수 있다. 집단 활동의 경우 성원들은 칭찬을 받는 동료 성원의 행동을 본받으려고 하며 자극을 받아 경쟁심을 가질 수도 있다. 그러나 칭찬은 기준이 모호

할 뿐만 아니라, 칭찬을 받는 당사자가 자만과 우월감에 빠질 수 있다. 심지어 더 이상의 노력을 하려는 의지가 사라질 수도 있다. 칭찬을 받지 못한 성원들은 상대적 열등감과 불공평함을 가지며 지도자를 불신할 수도 있다(김선혜, 2007).

격려는 개인의 신념과 자기 인식에 초점을 맞춘 기법이다. 개인심리학에서 격려는 강력한 무기에 해당한다. 격려를 받는 당사자는 격려를 통해 신념, 감정, 목표, 그리고 행동을 변화시킬 수 있는 자신의 강점과 개인적인 힘을 자각할 수 있게 된다(김춘경 역, 2004: 87). 격려를 받는 당사자는 더욱 잘 하기 위한 동기 유발을 할 수 있다. 설사 잘 못 했을 경우에도 무시당한다는 느낌을 갖지 않게 된다. 집단 활동에서 동료 성원들도 기분이 나쁘지 않으면서 패배감을 갖지 않게 하고 어떤 행동을 하도록 도전과 용기를 갖게 하며 방법을 알게 한다. 또한 지도자의 결정에 동의하고 수용하게 된다. 그러나 격려는 사용하기가 어렵고 칭찬에 비해 자극이 약하여 지도자의 말을 대수롭지 않게 받아들일 수 있다(김선혜, 2007).

이순형 외(2015)는 아동을 대상으로 칭찬과 격려를 하였을 때 나타날 수 있는 차이점을 〈표 13-1〉에서 제시하였다.

▌표 13-1▌ 칭찬과 격려의 차이점

구분	칭찬	격려
동기의 근거	외적 보상으로 인한 동기화	내적 자율성으로 인한 동기화
타인과의 비교 여부	타인과의 비교	타인과 비교하지 않음
평가의 대상	성취에 대한 인정	노력과 향상에 대한 인정
성인의 가치 판단 여부	성인의 가치 판단 포함	성인의 가치 판단 없음
평가의 초점	외적 평가에 관심	내적 평가와 공헌에 관심

출처: 이순형 외(2015).

이렇듯 칭찬과 격려는 동일한 개념이 아니기 때문에 의도한 목적을 얻기 위해서는 적절하게 사용해야 한다.

그렇다면, 칭찬과 격려는 어떤 상황에서 사용하는 것이 적절한 사용일까? 칭찬과 격려를 비교한 연구들을 살펴보면, 칭찬보다는 격려를 더욱 권장하는 주장(김선혜, 2007; 이순형 외, 2015)이 많다. 그러나 아동들의 내재적 동기와 관련하여 칭찬을 선호하는 아동은 칭찬 피드백을 선호하고 격려를 선호하는 아동은 격려 피드백을 선호하는 경우가 높았다. 칭찬과 격려 중 어떤 것이 우선이라기보다는 개인의 성향을 고려하는 것이 더 중요하다(김은빈, 2014).

4. 적용 방법

칭찬 및 격려의 효과를 얻기 위해서는 이를 적절하게 사용하는 것이 중요하다. 먼저 칭찬은 상대방의 행동, 태도, 그리고 특성을 바람직하게 보고 이를 계속 유지하고자 할 때 사용하는 비지시적 언어이다(Flanders, 1970). 학생의 경우 수업 시간이나 쉬는 시간에 교사로부터 이루어지는 적절한 칭찬은 학생의 학업, 인성, 재능 전반에 걸쳐 좋은 자극제가 될 것이다. 또한 상대를 자주 보고 상대가 날마다 어떤 생각을 하는지 통찰하고 어떤 말을 듣고 싶어 하는지를 깊이 생각해야 비로소 '칭찬의 말'을 할 수 있다(정봉수, 2017). 즉 칭찬을 받는 대상을 잘 알고 그들이 필요로 할 때 바로 그 자리에서 칭찬을 하는 것이 효과를 얻을 수 있다. 예를 들어, ADHD 아동이 지도자의 "(의자에) 앉자."라는 지시를 듣고 자리에 차분히 앉을 때 바로 칭찬을 하는 것이 효과를 얻을 수 있다.

반면 격려는 '용기'를 북돋아주고 삶에 대처하는 긍정적인 태도를 증진시키는 것으로 격려를 할 때에는 다음과 같은 방법이 있다.

- 구체적으로 말하라.
- 개별적으로 격려하라.
- 결과보다는 노력을 강조하라.
- 진심어린 마음으로 직접적으로 말하라.
- 라벨(label)을 붙이지 마라.
- 감정에 초점을 맞추어라.
- 비교하거나 경쟁시키지 마라(정봉수, 2017).

와츠와 피에착(Watts & Pietrzak, 2000)은 격려 기술에 대해 다음과 같이 제시하였다(정여주 외 역, 2017: 175).

- 적극적인 경청과 공감을 통해서 클라이언트에게 관심을 보여 주는 것
- 클라이언트에 대한 존경과 신뢰를 전달하는 것
- 클라이언트의 강점, 자산, 자원에 초점을 맞추는 것
- 클라이언트를 좌절시키는 가공의 생각에 대한 지각 있는 대안을 만들어내도록 돕는 것
- 클라이언트의 노력과 과정에 초점을 맞추는 것
- 클라이언트가 자신의 삶의 경험에서 유머를 발견하도록 돕는 것

5. 고려 사항

칭찬을 할 때에는 보다 명확한 근거로 타당한 일에 대한 칭찬이 이루어져야 할 것이다. 클라이언트의 성격이나 인성을 판단하고 평가하는 칭찬보다는 칭찬받을 만한 행동을 한 상태 그 자체에 대해서만 꾸밈없이 있는 그대로 진술하고 이 일에 대한 느낌을 말하는 것이 더 중요하다. 결과보다는 과정에 칭찬하는 것이 중요하다

(김선혜, 2007).

격려는 칭찬에 비해 자극이 작기 때문에 자칫 무시될 수 있는 상황이 발생할 수 있다. 따라서 격려를 할 때에는 공평하게 격려할 상황에서 격려하는지, 아니면 편애하는 상황에서 격려하는지, 진정으로 격려하는지 그냥 지나가는 소리로 격려하는지를 유념해야 한다(김선혜, 2007).

6. 적용 사례

치료레크리에이션 전문가는 다양한 특성을 갖고 있는 아동 집단을 만나고 있다. 자신감이 떨어져 있는 아동, ADHD 진단을 받은 아동, 불안한 눈동자를 갖고 있는 아동, 우울 성향을 보이는 아동, 동료 또래와 어울리는데 어려움을 갖고 있는 아동 등 다양한 어려움을 경험하고 있다. 이들의 공통 문제는 또래와 어울려 노는 것에 어려움을 호소하고 있는 것이다.

치료레크리에이션 전문가는 또래와 어울리는 데 필요한 규칙과 행동을 익히는 데 목표로 세우고 이를 성원들과 나누었다. 그리고 매 회기마다 목표를 성취할 수 있는 활동(또래와 일상에서 함께 하는 여가 활동, 또래와 함께 협력하며 즐길 수 있는 여가 활동)을 구성하여 운영하였다.

각 회기마다 목표 활동을 하기 전 치료레크리에이션 전문가는 활동의 모범 행동을 제시하고 시범을 보였다. 성원들이 모두 이해하였음을 확인한 뒤 연습 활동을 실시하여 모범 행동에 대한 준비를 갖추도록 하였다. 과제 활동에서 성원들은 치료레크리에이션 전문가가 제시한 규칙을 따르며 동료 성원들과 함께 즐겁게 활동을 수행했다.

회기가 이루어지는 중간 그리고 회기가 끝난 뒤 마무리 시간에 치료레크리에이션 전문가는 성원들이 보여 준 모범 행동에 대해 "좋아. 잘 했어."(중간 단계), "여러분은 오늘 제시한 규칙을 모두 잘 따라줬어. 잘했어."(마무리 단계)라고 칭찬하였다. 또한 "이제 어떻게 해야 할까? 오늘 보여준 모습을 일상에서도 할 수 있겠지?"(마무리 단계)라고 오늘 익힌 모범 행동을 일상에서 적용하고 성원 스스로 또래와 어울리는데 필요한 행동을 찾을 수 있도록 격려하였다.

성원들은 프로그램 초기에 장난을 치고 산만한 행동을 자주 보였으며 평가에서도 "잘 모르겠어요.", "(여가 활동이) 재미있었어요."라는 평가가 많았다. 회기가 진행되면서 성원들은 점점 주어진 규칙을 잘 따르고 성원 서로 협력을 이루면서 활동을 수행하는 행동을 반복하였고 활동을 즐기며 만족감을 표현하였다. 또한 "제가 협동을 잘 했어요." 등 보다 구체적인 평가가 많아졌다.

7. 결론

칭찬과 격려는 클라이언트의 바람직한 변화를 얻기 위해 사용할 수 있는 기법이다. 치료레크리에이션 현장에서도 칭찬과 격려는 프로그램을 개발하고 서비스를 제공하는데 사용되며 또한 권장한다. 아울러 의도한 목표를 성취하기 위해서 칭찬과 격려 기법은 정확하게 구분하고 이를 적절하게 적용할 수 있어야 한다.

CHAPTER 14

행동수정

1. 개요

행동수정은 행동주의를 기반으로 인간의 행동을 변화시키는 기법이다. 이 기법은 아동, 장애아동, 장애인, 노인 등 다양한 대상자들의 행동을 바람직하게 변화시키고 이들의 여가 관련 행동과 기술을 익히는 데 도움을 줄 수 있다.

2. 정의

행동수정은 인간 행동을 분석하고 수정하는 심리학 분야이다. 여기서 '분석한다'는 것은 행동에 대한 이유를 이해하기 위하여 또는 어떤 사람이 왜 그렇게 행동했는가를 결정하기 위하여 환경과 특정행동 간의 기능적 관계를 확인하는 것을 말한다. '수정한다'는 것은 행동 변화를 돕기 위하여 절차를 개발하고 이행하는 것을 말한다. 또한 행동에 영향을 주기 위하여 환경사건을 변경하는 것을 포함한다(안병환 외 역, 2007: 5).

3. 이론적 배경

행동수정은 행동주의를 기초로 한다. 행동주의의 철학적 뿌리는 꽁트, 다윈의 영향을 받은 동물심리학, 기능주의에 두고 있다. 이들의 공통점은 실질적이며 객관적으로 관찰할 수 있는 것을 최고의 가치로 여겼다(양명희, 2013: 13-21). 이러한 배경 속에서 파블로프, 손다이크, 왓슨, 스키너로 이어지는 행동주의는 행동수정의 과학적 원리를 개발해왔다.

행동수정은 다음과 같이 특징을 살펴볼 수 있다.

첫째, 행동에 초점을 둔다. 여기서 행동은 표적행동(수정되어야 할 행동)을 말한다. 표적행동은 크게 두 가지로 볼 수 있다. 초과행동은 개인이 빈도, 지속시간 또는 강도를 감소시켜야 하는 바람직하지 못한 표적행동을 말한다. 결핍행동은 개인이 빈도, 지속시간 또는 강도를 증가시켜야 하는 바람직한 행동을 말한다.

둘째, 행동원리에 기초한 절차이다. 동물을 대상으로 실험 연구를 하여 얻은 기본 원리를 실험적 행동분석이라고 한다. 이를 인간 행동에 적용하기 위한 과학적 원리를 응용행동분석이라고 한다. 행동수정절차는 응용행동분석의 연구에 기초하고 있다.

셋째, 현 환경사건을 강조한다. 행동수정은 그 행동과 기능적으로 관련된 현 환경사건을 평가하고 수정하는 것을 포함한다. 인간행동은 직접적인 환경사건에 의해 통제되는데, 행동수정의 목표는 이러한 사건을 확인하는 것이다.

넷째, 행동수정 절차에 관해 정확히 설명해준다. 행동수정 절차는 그 행동과 기능적으로 관계가 있는 환경사건을 변화시키는 것을 포함한다. 그 절차를 사용할 때마다 효과가 있으려면 환경사건에서 특정변화가 나타나야 한다. 절차를 정확하게 기술함으로써 연구자와 전문가들은 절차를 매번 정확하게 사용할 수 있다.

다섯째, 일상생활에서 인간이 실행하는 처치이다. 행동수정 절차는 행동수정을 훈련받은 전문가나 준전문가가 개발하지만 교사, 부모, 직업 지도감독자나 행동을 변화시키도록 돕는 사람들이 흔히 사용한다. 행동수정 절차를 사용하려는 사람은 충분히 훈련을 받아야만 한다.

여섯째, 행동변화를 측정한다. 행동수정 절차를 통해 나타나는 행동변화를 알아보기 위하여 개입 전후의 행동을 측정한다는 것이다. 또한 행동변화가 오랫동안 유지되는지를 알아보기 위하여 지속적으로 그 행동을 사정한다.

일곱째, 행동의 원인으로서 과거 사건을 강조하지 않는다. 과거사건에 대한 정보는 유용하지만 현 통제변인을 변화시킬 수 있기 때문에 효과적인 행동수정을 중재하는데 이런 변인이 더 밀접하게 관련되어 있다.

여덟째, 행동에 대한 가설적인 기저 원인을 반대한다. 프로이드 이론과 같은 가설적인 기저 원인에 관심을 갖지 않는다(안병환 외 역, 2007: 5-7).

4. 적용 방법

행동수정은 일련의 절차를 밟는 것이 매우 효과적일 것이다.

첫째, 표적행동을 선정한다. 행동을 수정하기 위해서는 표적행동을 찾아야 한다. 여기서 표적행동은 변화시키기 위해 관찰하고 측정할 행동을 의미한다. 표적행동이 여러 가지일 경우에는 동시에 다루기 어렵기 때문에 어떤 행동을 먼저 다루고 어떤 행동을 나중에 다루어야 할지 우선순위를 결정해야 할 것이다.

둘째, 표적행동의 조작적 정의를 내린다. 특정 행동을 설명하는 동작성 동사로 객관적이고 명확하게 하여야 한다. 그리고 행동을 직접 관찰하고 측정하기 쉽게 정의를 내린다.

셋째, 행동목표를 세운다. 개입을 통해 나타나기를 기대하는 행동을 기술한다. 행동목표를 작성할 때 4가지 구성 요소(학습자(학생), 학생의 행동, 행동이 일어나는 상황의 조건, 목표가 되는 기준)가 포함되어야 한다.

넷째, 행동목표를 성취할 수 있는 방법을 선택하고 적용한다. 행동수정에서 사용하는 방법은 다양하다. 기본행동원리(강화, 소거 등), 새로운 행동형성(행동형성, 자극통제에 대한 촉구와 전이 등), 바람직하지 않은 행동 감소 및 바람직한 행동 증진 절차(기능평가를 통한 문제행동 이해, 소거의 응용 등), 기타 행동변화 절차(자기관리, 습관 바꾸기 절차, 토큰경제 등) 등이 있다.

다섯째, 표적행동을 측정한다. 이를 행동평가(behavior assessment)라고 하는데, 행동을 관찰하고 기록할 방법을 선정한다(안병환 외 역, 2007: 151-460; 양명희, 2013: 85-109).

5. 고려 사항

행동수정 기법을 사용하기 위해서는 첫째, 행동분석이 충분히 이루어져야 한다. 그리고 환경요소와 기능적으로 어떻게 연결되어 있는지를 살펴보는 것이 필요하다(안병환 외 역, 2007: 176). 행동의 기능평가를 통해 행동 전후에 반드시 그 행동이 일어나도록 작용하는 선행사건이나 후속결과에 관한 정보를 수집한다.

둘째, 반드시 적법한 절차를 거쳐야 한다. 행동수정은 바람직한 행동을 증가시키기 위한 다양한 방법이 개발되어 있다. 그러나 일부 기법에는 고통이나 불편을 주는 혐오자극이 포함되어 있다. 이로 인해 행동수정은 비인격적이라는 비판을 받아왔다. 혐오자극 방법은 클라이언트 또는 가족과의 충분한 협의를 거칠 것을 권장하고 있다.

셋째, 개입 효과를 지속적으로 평가하는 것이 필요하다. 이를 위해서는 행동목표가 분명하게 문서화되어야 하며, 행동의 조작적 정의를 가지고 개입 효과를 양적으로 측정하고 평가하는 것이 지속적으로 이루어져야 한다(양명희, 2013: 40-43).

6. 적용 사례

치료레크리에이션 전문가는 중증 발달장애 및 지적장애 청소년을 대상으로 티볼 교육을 실시하고 있다. 본 회기는 타격 기술을 익히는데 초점을 두고 있다.

치료레크리에이션 전문가는 먼저 표적행동으로 타격 행동을 선정하고 '티볼공을 배팅티에 올려놓고 배트로 공을 치기'라고 조작적 정의를 내렸다. 행동목표를 설정한 뒤 촉구 기법을 활용하여 타격 기술을 익히도록 하였다. 먼저 배트를 잡는 방법, 공을 배팅티에 올려놓는 방법, 배트로 공을 치는 자세와 방법을 언어와 자세로 교육을 하였다(언어 촉구). 그리고 지도자가 직접 시범을 보여 이해를 돕고 일정 시간 동안 연습을 하여 기술을 익히도록 하였다(모델링 촉구). 그럼에도 불구하고 기술을 익히는데 어려움을 보이는 성원에게는 곁에서 성원의 손과 몸을 잡고 올바른 자세를 취하게 한 뒤 정확한 행동을 할 수 있도록 도움을 주었다(신체 촉구). 반복 교육을 통해 성원들은 공을 배팅 티에 올려놓은 뒤 배트로 공을 칠 수 있었다.

7. 결론

행동수정은 사용영역이 다양하며 일상에서 적용하기도 한다. 행동수정의 목표는 바람직하지 않은 행동을 감소시키고 바람직한 행동을 증가시키는 데 있다. 일부 행동수정을 처벌 등을 통해 바람직하지 않은 행동만을 감소시키는 데 사용하는 경우가 있는데 이는 행동수정 기법을 잘못 사용하는 경우라고 할 수 있다. 바람직한 행동을 증가시키는 데 초점을 잡는 것이 더욱 유용하다.

CHAPTER

15 합리적 정서행동 기법

1. 개요

합리적 정서행동 기법(REBT)는 인간이 가진 비합리적 신념을 합리적 신념으로 대체함으로써 정서적 · 행동적 기능을 함께 증진시키려는 치료기법이다(서수균 외 역, 2000: 14). 여기서 말하는 비합리적 신념은 과장되고 완벽에 가까운 생각들을 말하는데 이러한 신념은 정서와 행동에 영향을 미치게 된다.

여가에 대한 비합리적 신념('돈이 있어야만 여가를 할 수 있어요.' 등)을 갖고 있을 경우 이를 합리적 신념으로 대체함으로써 여가능력을 향상하는 데 도움을 얻을 수 있다.

2. 정의

합리적 정서행동 기법(REBT)는 임상심리학자 엘리스(Albert Ellis)가 발전시킨 성격 이론 및 심리치료의 방법이다. 이는 매우 부담이 되는 정서적 결과(C)가 중요한 사건(A)을 뒤따라 일어날 때, A로 인해 C가 일어난 것처럼 보이지만 실제로는 주로 B(개인의 신념 체계)에 의해 유발된다는 것이다. 극심한 불안과 같은 바람직하지 않은 정서적 결과가 일어날 때, 대개 그 원인은 개인의 비합리적 신념들(과장되고 반드시, 꼭, 절대 등과 같은 완벽에 가까운 생각)에 있다. 합리적 도전으로 이러한 신념들이 효과적으로 논박될 때(D 지점에서), 혼란스러운 결과는 사라지고 결국에는 다시 재발하지 않게 된다는 것이다(김정희 외 역, 2000). 엘리스는 이를 ABC 모형으로 불렀다.

3. 이론적 배경

합리적 정서행동 기법의 기본 가정은 인지, 정서, 행동이 서로 구분되는 기능이 아니라 본질적으로 통합된 것이고 전체적인 것으로 본다. 인간이 무언가 느낀다고 말할 때에는 생각도 같이 떠오르며 동시에 어떤 행동도 취하고 있다. 이러한 인지, 정서, 행동은 복합하여 연결되어 있으며, 다양한 방식으로 존재하고, 서로에게 상당한 영향을 미치고 있는 것이다(서수균 외 역, 2016: 11-14). 컴퓨터 게임을 하고 있는 청소년은 컴퓨터 게임이 즐거운 활동이라는 생각(인지)을 갖고 있기 때문에 그 즐거움을 느끼기 위해(정서) 게임을 하게 되는 것(행동)이다. 그리고 게임을 하면서(행동) 즐거움을 얻게 된(정서) 청소년은 다음에도 게임을 하겠다는 생각(인지)을 하게 된다.

둘째, 사람들은 합리적인 신념과 비합리적인 신념을 모두 갖고 있는데, 비합리적 신념이 깊이 뿌리내리고 있고, 그 수가 많을 때 더 많은 고통을 겪게 된다고 가정한다. 그래서 치료 또는 자조 절차를 통해서라도 자신의 비합리적 신념을 합리적인 신념으로 변화시킬 때 심리적 고통이 유의미하게 감소할 것이라고 가정한다(서수균 외 역, 2000: 16-17). '컴퓨터 게임만이 유일한 여가이며 그것을 못하게 하는 것은 매우 불행한 삶'이라는 생각(비합리적인 신념)을 '배구경기 관람을 포함하여 다른 여가활동도 삶을 행복하게 만드는 활동'이라는 생각(합리적인 신념)으로 변화시킬 때 여가생활양식의 변화가 일어나게 된다.

4. 적용 방법

엘리스는 합리적 정서행동치료를 하기 전에 지켜야 할 준비 사항 2가지를 제시한다. 첫째, 클라이언트에게 ABC 모형의 이론과 유용성을 설명해 주고, 이에 대한 기본적인 이해를 클라이언트가 충분히 하고 있다고 치료자가 확신할 수 있어야 한다. 둘째, 역경에 처했을 때, 자신이 한 반응에 대한 책임은 자신에게 있다는 점에 대해 클라이언트가 잠정적으로라도 동의를 할 수 있어야 한다(서수균 외 역, 2000: 86-87).

합리적 정서행동치료는 중다양식적 방법을 활용한다. 즉 인지적, 정서적, 행동적 요소를 통합하며 클라이언트로 하여금 이런 요소가 서로 간에 중요한 영향을 미치고 있음을 깨닫도록 돕는다(서수균 외 역, 2000: 14).

1) 인지적 기법

인지적 기법에는 논박, 합리적 대처말, 모델링, 참조하기 등의 방법이 있다.

논박은 가장 널리 알려진 기법으로 클라이언트의 신념 체계가 얼마나 유용한 것인지 스스로 평가하도록 돕는 기법이다. 논박에는 기능적 논박, 경험적 논박, 논리적 논박, 철학적 논박이 있다.

합리적 대처말은 내담자에게 용기를 불어넣는 말로서 사회적 현실에 부합하는 내용으로 이루어진다. 합리적 대처말을 스스로에게 반복함으로써 그런 생각을 스스로에게 강화시킨다.

모델링은 책 또는 개인적으로 평소 존경하는 사람을 선정하고 그 사람의 어떤 특성을 닮고 싶은지 클라이언트에게 묻고, 치료 기간 동안 그 사람을 참고할 대상으로 삼는다.

참조하기는 자신의 비합리적인 생각과 행동을 변화시킬 때 수반하는 실제적 이득과 손실을 따져 리스트를 만들어 보는 것을 말한다. 무엇보다도 이 리스트를 늘 갖고 다니면서 정기적으로 검토하도록 만드는 것이 중요하다.

2) 정서적/체험적 기법

정서적/체험적 기법은 인지적 개입을 보완하고 강화하기 위해 사용하는 기법이다. 인지적 기법을 통해 얻은 사고의 긍정적 변화를 좀 더 활성화시키고 증가시키는데 더 관심을 갖는다. 합리적 정서 심상 형성, 대처말 숙달시키기, 녹음을 이용한 강력한 논박하기 등이 있다.

합리적 정서 심상 형성은 내담자가 문제 상황에서 느낄 수 있는 적절하고 합리적인 정서를 찾을 수 있도록 돕는 것이다. 그리고 습관처럼 자연스럽게 나오는 자기말과 대처기제를 체험적으로 탐색하도록 돕고, 이를 연습하여 스트레스 상황에서 활용할 수 있도록 한다.

3) 행동적 기법

행동적 기법은 직접 실천해 보고 현실을 검증해 보는 작업으로, 이제 막 경험하기 시작한 자신의 사고 양상에 대한 통찰을 강화시키고 경험적으로 지지하기 위해서 필요한 과정이다. 강화, 벌칙, 수치심 깨뜨리기 작업, 기술훈련 등이 있다

수치심 깨뜨리기 작업은 REBT의 핵심기법의 하나로 불편하고 수치스럽게 여겨 다시는 하지 않으려는 행동(비도덕적이지 않은 행동 제외)을 실생활에서 연습하게 하는 것이다. 이를 통해 불편감을 줄이거나 오히려 이를 즐거워하도록 한다(서수균 외 역, 2007: 87-99).

5. 고려 사항

엘리스는 합리적 정서행동 기법이 적극적이고 지시적인 특성을 갖고 있으며, 이런 특성은 자칫 클라이언트의 타고난 문제해결 능력과 자기실현 성향을 저해할 수 있음을 밝혔다. 그래서 엘리스는 이를 위해 다음과 같은 주의를 당부하였다.

첫째, 사용하는 치료 기법의 제한점들에 대해서 잘 숙지하고 있어야 한다.

둘째, 어떤 기법을 적용할 때에는 그 기법에 대한 클라이언트의 반응을 예의 주시하고 언제든지 중단하거나 맞도록 수정할 준비가 되어 있어야 한다.

셋째, 다른 치료 기법에서 소개하는 다소 소극적인 인지적, 정서적, 행동적 기법의 필요성에 대해서 인정할 수 있어야 한다.

넷째, 무조건적인 수용과 무조건적인 긍정적 존중을 모든 클라이언트에게 실천하고 클라이언트 스스로 자신을 그렇게 대할 수 있도록 도와야 한다. 그래야 REBT

기법이 뜻대로 적용되지 않을 때 클라이언트가 지나치게 실망하거나 자신을 책망하지 않을 수 있다(서수균 외 역, 2000: 70). 이 외에도 엘리스는 고려해야 할 내용을 제시한다.

- 여러분 자신의 스타일을 완성하는 것이 좋다.
- 평가 단계는 중요하며 지속적인 과정이다.
- 자신에게 합리적 정서행동치료를 적용해 보라.
- 연습, 연습 또 연습하라(서수균 외 역, 2007: 165-166).

6. 적용 사례

태수(가명)는 초등학교 4학년이며 ADHD 진단을 받았다. 태수는 집단 활동에서 자신이 수행한 활동이 실패를 하면, 징징대거나 울며 성원들이 전혀 어떤 자극을 그에게 주지 않았음에도 불구하고 모든 원인을 성원들의 따돌림(아이들이 서로 힘을 합쳐서 저를 늘 따돌려요.) 탓으로 돌렸다. 자신은 아무런 문제가 없는데 친구들이 모두 힘을 합하여 자신을 늘 따돌린다는 것이다. 가위바위보에서 지게 된 지금도 그래서 자신이 술래가 되었다고 하였다. 지도자는 태수를 잠시 집단에서 벗어나 쉬면서 자신의 생각과 행동을 검토할 수 있도록 하였다.

지도자는 집단 활동이 끝난 뒤 "친구들이 (태수를) 따돌린 증거가 어디 있는가?", "태수가 게임에서 이긴 적도 있지 않은가?", "계속 울면 (태수에게) 어떤 결과를 가져올까?" "어떤 근거도 없이 친구들이 자신을 따돌렸다고 고집하면 과연 친구들이 함께 놀 수 있을까?" 등 논박을 하였다. 태수는 울며 자신의 생각을 버리지 않고 고집하였다.

이러한 태수의 행동과 치료레크리에이션 전문가의 논박은 프로그램 기간 동안 몇 차례 반복되었다. 치료레크리에이션 전문가는 태수가 스스로 자신의 생각과 행동을 검토할 수 있도록 격려하였다. 프로그램이 종결 시점으로 갈수록 태수의 행동 시간(징징대며 울기, 자신의 실패를 성원들의 탓으로 돌리기 등)은 짧아졌다. 비록 행동이 발생하여도 이를 통제하며 집단 활동에 참여하려고 노력하였다. 그리고 성원들과 어울리며 즐겁게 활동을 수행했다.

7. 결론

합리적 정서행동 기법은 비합리적 신념으로 인해 고통받고 있는 클라이언트의 생각을 합리적 신념으로 변화할 수 있도록 도움을 준다. 이는 여가활동에 대한 인식, 정서, 행동에도 영향을 미치게 된다.

개별 및 집단 활동 과정에서 나타난 클라이언트의 비합리적 신념은 클라이언트 개인뿐만 아니라 다른 성원에게도 영향을 미치게 된다. 일상에서도 여가와 관련된 비합리적 신념은 그들의 여가 관련 욕구와 여가능력을 해결해 가는 데 어려움을 초래한다. 예를 들어, "여가활동은 나 혼자만 하면 된다. 나는 늘 그렇게 해왔다. 사람들과 함께하는 여가활동은 결코 필요하지 않다."라는 비합리적 신념은 타인과 함께하는 여가 참여를 제한하게 되고 여가능력 향상에도 영향을 미치게 된다.

따라서 합리적 정서행동 기법 활용은 클라이언트의 여가와 관련된 합리적 신념을 갖도록 하여 여가능력 향상과 여가 관련 욕구를 해결하는 데 도움을 얻을 수 있다.

CHAPTER 16

교육과 상담

1. 개요

치료레크리에이션 현장에서 여가와 관련된 교육과 상담 기술은 여가교육 서비스를 제공할 때 필요한 기법이다. 사실 교육과 상담 기술은 매우 다양하기 때문에 어떤 기술이 더욱 효과를 얻을 수 있을지를 판단하기는 어렵다. 다만 여기에서는 일부를 소개할 것이다.

2. 정의

교육(education)은 사전적 정의로 '사회생활에 필요한 지식이나 기술 및 바람직한 인성과 체력을 갖도록 가르치는 조직적이고 체계적인 활동'이라고 한다. 상담(counseling)은 '어떤 일을 서로 의논하거나 그 방면의 전문가에게 의뢰함'이라고 한다. 치료레크리에이션 현장에서 두 기법은 클라이언트의 바람직한 변화에 초점을 두고 서로 영향을 주거나, 통합하거나, 구분되어 사용하는 경우(Poter et al., 2006: 538)가 많다. 클라이언트의 여가 상담 과정에서 여가 교육을 병행할 수 있다.

3. 이론적 배경

1) 교육

교육은 사회생활에 필요한 지식과 기술 습득 그리고 바람직한 인성과 체력을 갖추도록 가르치는 체계적 활동이다. 이를 위해 교육현장에서 적용하고 있는 교육방법으로는 강의식 수업, 토의식 수업, 발견학습과 탐구학습, 협동학습 등 다양하다. 여기서는 토의식 수업만을 다룰 것이다. 이는 심성계발훈련 기술과 관련하여 함께 고려할 때 치료레크리에이션 서비스의 효과성 확보가 가능하기 때문이다.

토의식 수업은 학습자들 간에 또는 학습자와 수업자들 간에 정보나 아이디어, 의견 등을 나누기 위해 서로 이야기하거나 함께 문제를 해결해 나가는 탐구과정이다. 학습자들의 참여와 역할을 강조하는 학습자 중심의 수업방식으로, 개방적인 의사소통과 협조적인 분위기를 요구한다. 또한 수업자의 능숙한 질문기법과 적절한 관여를 통해 토의의 흐름을 촉진시키기도 한다. 학습자와 수업자 모두의 창의성과 자발성, 그리고 대인관계의 태도 및 기능 등을 키울 수 있다는 점에서 교육적 가치를 가진다(변영계 외, 2006: 142). 이러한 교육적 가치는 치료레크리에이션 서비스의 목표 성취와도 연결된다.

토의식 수업의 유형으로는 원탁토의(round table discussion), 배심토의(panel), 공개토의(forum), 단상토의(symposium), 대담토의(colloquy), 세미나(seminar), 버즈토

의(buzz) 등이 있다(변영계 외, 2006: 144-152).

2) 상담

상담에 대한 정의는 구체적으로 합의되지 않고 발달해 왔다. 그러나 상담의 정의 속에서 몇 가지 공통 요소가 발견되었다. 이 요소는 여가상담을 할 때에도 고려할 필요가 있다(김춘경 외, 2013: 15).

첫째, 상담활동은 도움을 받는 내담자, 도움을 주는 상담자, 그리고 도움을 받는 내담자와 도움을 주는 상담자 간의 관계(상담관계)를 갖출 때 성립된다.

둘째, 상담자는 상담에 관한 전문적 지식과 기술을 습득한, 즉 전문적 훈련을 받은 사람이다.

셋째, 내담자는 자발적이건 비자발적이건 도움을 필요로 하는 사람이다.

넷째, 상담은 내담자의 문제를 해결하거나 새로운 행동변화, 즉 학습이 이루어지도록 노력하는 것이다.

다섯째, 상담은 인간적 성장, 행복한 삶, 삶의 질을 추구하는 활동이다.

여섯째, 상담은 조력의 과정이다.

이러한 구성요소를 통해 상담은 상담에 관한 전문적 지식과 기술을 갖춘 상담자가 도움이 필요한 내담자의 문제를 함께 해결하거나 새로운 행동변화를 이끌어가도록 도움을 주는 과정으로 이해할 수 있다.

4. 적용 방법

1) 교육

치료레크리에이션 서비스의 목표를 성취하기 위해 토의식 수업을 적용할 때 치료레크리에이션 전문가는 토의식 수업의 진행 과정을 살펴볼 필요가 있다.

토의식 수업은 계획, 전개, 평가 단계로 나눠지며 각 단계별로 교수자의 역할은 다음과 같다(변영계 외, 2006: 156-158).

▌표 16-1▌ 토의식 수업의 진행 과정

〈계획〉
- 토의식 수업의 목적을 명확하게 설정하고 이에 맞는 주제와 방식을 선정한다.
- 시간계획을 세운다.
- 다양한 자료와 시설들을 활용한다.
- 눈길이 마주치고 권리가 분배된 분산형 배치를 한다.

〈전개〉
- 교수자는 토의 요지와 학습자의 역할을 설명하며 학습자의 동기를 유발시킨다.
- 학습자의 참여를 자연스럽게 유도한다.
- 편안하고 개방적인 분위기를 조성한다.
- 토의 진행을 방해하는 요인을 적절히 다룬다.

〈평가〉
- 마무리단계에서는 토의 내용을 요약정리하고 결론을 도출한다.
- 토의의 목적 달성 여부를 확인하고 학습자에게 피드백을 제공한다.

좋은 교육 방법을 명확히 규정하기는 쉽지 않다. 다만 변영계 외(2006)는 '효과적, 효율적, 매력적, 안전한 것'을 고려할 것을 제안하였다. 여기서 효과적이란 목표로 하는 학습이 발생했는가를 말하며, 효율적이란 얼마나 경제적으로 그 목표가 달성되었느냐를 말한다. 매력적이란 학습자와 교수자들이 얼마나 그 과정을 즐길 수 있으며 좋아하느냐에 대한 고려이고, 안전하다는 것은 교육방법이 실천과 수행상 도덕적으로 문제가 없다는 것을 말한다(변영계 외, 2006: 17).

2) 상담

치료레크리에이션에서 상담을 적용하기 위해서는 치료(therapy), 심리치료 이론, 상담 기법을 구분하는 것이 필요하다.

먼저, 치료는 광범위한 인간서비스 영역에서 사용하는 개념으로, 가족치료(family therapy), 중독 및 알코올 상담(drug and alcohol counseling), 여가 상담(leisure counseling) 등의 형태를 취한다.

심리치료 이론은 정신분석 이론, 인본주의, 인지행동치료, 현실 치료와 같이 각 이론들이 지향하는 주제를 말한다. 예를 들어, 정신분석 이론은 개인의 무의식에 존재하는 동기를 통찰하는 데 초점을 맞춘다. 인지행동치료는 개인이 갖고 있는 비합리적 신념을 논박을 통해 합리적 신념 체계로 전환하는 데 초점을 맞춘다. 이와 같이 각 심리치료 이론은 각각의 지향점이 있으며, 이론에 따라 하나의 특정 지향점을 갖고 있거나(정신분석 이론), 결합(인지행동 치료), 또는 절충적인 방식을 사용한다. 치료레크리에이션에서는 절충적인 방식을 선호한다.

상담 기법은 클라이언트의 변화를 위해 사용하는 특정 기법을 말한다. 정신분석 이론에서 사용하는 방어기제 기법, 인지행동치료의 모델링 등이 여기에 해당한다(Poter et al., 2006: 540).

5. 고려 사항

교육 및 상담 기법의 이질적 요소에도 불구하고 갖고 있는 공통점은 클라이언트와의 면대 면에 의한 접근 방식을 갖고 있으며, 신뢰관계를 바탕으로 한다는 것이다. 이러한 신뢰관계는 치료레크리에이션 전문가와 클라이언트와의 상호작용 과정에서 형성되는 것으로 치료레크리에이션 과정에 많은 영향을 미치게 된다. 따라서 교육 기법 또는 상담 기법을 적용하기 이전에 클라이언트와의 신뢰관계 형성에 우선 목표를 세워야 한다. 그리고 신뢰관계가 형성된 이후 클라이언트에게 적절한 교육 기법 또는 상담기법을 절충하여 사용하는 것이 필요하다.

6 적용 사례

치료레크리에이션 전문가는 중도 시각장애인 집단을 대상으로 여가능력(지역사회에서 자신에게 적합한 여가활동과 활용가능한 자원을 탐색하여 여가활동 참여에서 발생할 수 있는 문제를 해결하기)을 향상시킬 수 있는 여가교육을 실시하고 있다. 이를 위해 강의식 수업, paper-work, 토의식 수업, 퀴즈 등으로 활동을 구성하고 운영하였다.

토의식 수업은 핵심 기법으로 사용되었다. 치료레크리에이션 전문가는 매 회기별 목표에 맞는 주제를 제공하였고 성원들은 이에 대해 토론을 하여 적절한 방법을 찾으려고 하였다.

이와 함께 유머를 활용하여 즐겁고 자유로운 교육 환경을 조성하였다. 또한 성원들의 참여에 칭찬, 격려 등과 함께 긍정적 지원을 하여 성원들이 참여에 따른 성취감과 만족감을 강화할 수 있도록 하였다.

7. 결론

교육과 상담 기법은 클라이언트의 여가와 관련된 지식과 기술을 습득시키는 데 유용한 기법이다. 그러나 이 기법들이 주는 무게감은 치료레크리에이션 전문 영역과 다른 기법으로 간주하여 적용의 어려움을 가질 수 있다.

치료레크리에이션은 클라이언트의 여가와 관련된 욕구를 해결하고 여가능력을 향상시키기 위한 전문 영역이며 이를 위해서 필요한 기법들을 절충하여 사용하는 것이 필요하다. 경제 컨설턴트에서 교육과 상담을 위해 교육 기법과 상담 기법을 응용하는 것처럼 치료레크리에이션 전문가 또한 서비스 목표 성취를 위해 이 기법을 적절하게 적용하는 것이 필요하다.

CHAPTER 17

도구와 장비

1. 개요

도구와 장비(equipments & devices)는 다양한 레크리에이션 활동에 참여하면서 특정 목적을 얻기 위해 사용하는 도구와 장비를 말한다. 도구와 장비 없이도 레크리에이션 활동에 참여할 수 있으나 적절하게 갖춘 도구와 장비는 재미와 즐거움, 성장과 발달을 촉진할 수 있는 역할을 수행한다.

2. 정의

도구에 대한 사전적 정의는 '어떤 일을 할 때 쓰는 연장'을 말하며, 장비는 '장치나 설비'를 말한다. 치료레크리에이션에서 도구와 장비는 여가 및 레크리에이션 활동에 사용되는 모든 도구와 장비(채준안 외, 2007: 343)를 말한다.

3. 이론적 배경

도구의 활용은 아동의 성장과 발달에서부터 출발한다. 다수의 아동 관련 문헌에서 도구 활용에 따른 성과를 제시하고 있다.

유아기 아동의 신체 발달에서 기본운동은 창의적인 신체활동의 근간이 된다. 기본운동 가운데 하나인 조작적 운동은 아동이 손이나 발을 이용하여 물체에 힘을 주거나 흡수하여 도구를 사용할 수 있게 하는 운동이다. 이동 운동과 비이동 운동이 어느 정도 훈련되고 완성되면 조작적 운동이 가능하다. 도구를 활용한 신체활동은 이동 운동과 비이동 운동 모두에 기초하여 도구를 움직임으로서 스스로 공간을 이용하여 물체와의 관계를 파악할 수 있게 된다.

실제 도구를 활용한 협동적 신체활동 연구에서 도구를 활용한 유아집단은 그렇지 않은 유아집단에 비해 적대-공격성 감소, 걱정과 불안 감소, 그리고 과잉행동-산만의 문제가 감소된 것으로 보고되었다.

초등학생을 대상으로 한 연구에서 보드게임을 통한 놀이활동에 참가한 초등학생은 그렇지 않은 학생에 비해 사회성 전체 점수에서 유의미한 차이가 있는 것으로 나타났다. 특히 협동성과 사교성에서 유의미한 차이가 있는 것으로 나타났다.

이처럼 도구 활용은 클라이언트의 개입 효과를 높이는 데 중요한 역할을 수행하고 있음을 볼 수 있다. 치료레크리에이션 전문가들 또한 개입의 효과성을 높이기 위하여 다양한 도구와 장비를 활용하여 왔음을 다수의 선행연구에서 살펴볼 수 있다.

4. 적용 방법

1) 목적

도구와 장비는 클라이언트의 프로그램 참여 동기를 유발하고 재미와 즐거움 속에서 클라이언트의 욕구와 프로그램 목적을 얻기 위한 수단으로 선택되고 활용되어야 한다.

2) 적용 요소

프로그램 목적에 따라 적절한 도구와 장비를 선택하고 활용한다. 줄, 막대기, 공 등 다양한 도구와 장비가 목적에 따라 사용할 수 있다. 치료레크리에이션 전문가가 클라이언트의 특성을 고려하여 직접 개발하거나 기존 상업용 도구와 장비를 구매할 수 있다.

5. 고려 사항

피터슨 등(Peterson et al., 2000: 179)은 도구 사용은 치료 목표에 도달할 수 있도록 활용해야 함을 강조하면서 다음과 같이 주의 사항을 제시하였다.

- 도구 남용은 클라이언트의 여가 참여를 방해한다.
- 도구 남용은 앞으로 클라이언트가 사용하지 못하게 되거나 비일반화된 활동이 된다.
- 도구는 파손되거나 잃어버리게 된다.
- 지나치게 비용이 많이 들 수 있다.

이 외에도 치료레크리에이션 전문가가 고려해야 할 사항이 있다.

첫째, 조잡한 도구와 장비는 피한다. 치료레크리에이션 전문가는 목적 성취와 예산을 고려하여 직접 도구와 장비를 개발하는 경우가 있다. 이때 개발한 도구와 장비가 조잡할 경우 클라이언트의 관심과 흥미를 감소시킬 수 있다.

둘째, 도구와 장비를 활용할 때에는 도구와 장비의 안전성이 확보되는 것이 필요하다. 클라이언트가 이를 활용할 때 발생할 수 있는 사고를 예방하는 것을 유념해야 한다.

6. 적용 사례

치매 어르신을 대상으로 클라이언트의 신체 기능 유지를 위한 치료레크리에이션 프로그램을 계획하는 치료레크리에이션 전문가는 이와 관련된 활동으로 자리에 앉아서 할 수 있는 탁구를 주요 활동의 하나로 구성하였다.

실제 탁구채를 잡는 탁구 활동은 치매 어르신들에게 적합하지 않음을 고려한 전문가는 어르신들이 쉽게 탁구 활동을 할 수 있도록 적합하 탁구채를 만들고 활동 규칙과 방법을 조정하였다.

탁구채는 사각형 모양의 판에 색을 입히고 가장자리에 테이핑 처리를 하여 편하게 잡을 수 있도록 하였다. 탁구채를 본 성원들은 "예쁘게도 만들었네!"라고 말하

며 관심을 보였다. 탁구용 네트는 탁자 크기에 길이 조절이 가능하도록 하였고 탁구공은 일반 탁구공을 사용하였다. 탁구대는 기관의 탁자를 활용하였다.

활동방법은 공을 쳐서 네트 위로 넘기는 것이 아니라 네트 아래로 굴리도록 조정하였다. 승패가 아닌 성원의 상호작용을 높이는 것에 초점을 두었다.

성원에게는 탁구공을 탁구채로 쳐서 상대방으로 굴리도록 하였다. 공이 몇 차례 오고 가면서 성원들은 탁구공에 집중할 수 있었다. 상대방에게 탁구공을 빠르게 굴리거나 돌아 온 탁구공을 빨리 치는 순발력을 발휘하였다. 이 과정이 계속되면서 성원들은 즐거움을 가졌다.

활동이 끝난 뒤 전문가는 기관 요원에게 탁구채 만드는 방법을 소개하고 프로그램이 끝난 뒤에도 기관을 이용하는 클라이언트가 이 활동을 지속할 수 있도록 권장하였다.

7. 결론

도구와 장비는 치료레크리에이션 프로그램에 참여하는 클라이언트에게 관심을 유발하고 참여 동기를 불러일으킬 뿐만 아니라 성장과 발달에 중요한 역할을 수행할 수 있다. 그래서 많은 치료레크리에이션 전문가들은 도구와 장비에 대한 관심이 높고 이를 활용하여 프로그램 목적을 얻기 위해 노력해 왔다.

그럼에도 불구하고 치료레크리에이션 전문가들은 특정 도구와 장비가 주는 성과를 밝히는 데 미흡한 실정이다. 그림책, 공 등 다양한 도구와 장비가 클라이언트의 어떤 여가능력을 향상시키는 데 중요한 역할을 수행할 수 있는지에 대한 과학적 접근이 필요하다. 그것이 가능할 때 이와 관련된 도구와 장비 개발은 더욱 발전할 것이다.

Therapeutic Recreation

PART

06

치료레크리에이션 과정

들어가기 전에

치료레크리에이션은 일련의 절차와 과정을 통해 의도했던 목적을 이루어가는 전문적 과정이다. 그러나 실천과정은 많은 노력과 경험을 통해 학습될 수 있고 적용할 수 있다. 이는 그만큼 전문가의 지식을 비롯하여 인내와 집중을 필요로 한다.

6부에서는 사정에서부터 평가에 이르는 치료레크리에이션 과정을 살펴보고자 한다.

CHAPTER 18 사정(Assessment)

클라이언트의 여가와 관련된 욕구를 해결하고 신체적 · 사회적 변화를 이루기 위해서 치료레크리에이션 전문가는 체계적인 과정을 거치는 것이 바람직하다. 치료레크리에이션 프로그램은 체계이론을 바탕으로 사정, 계획, 실행, 그리고 평가 단계로 이루어졌다. 프로그램 단계는 [그림 18-1]과 같다.

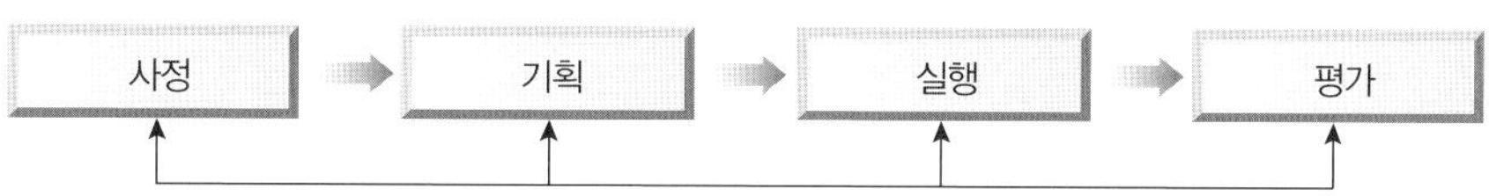

▌그림 18-1▐ 치료레크리에이션 프로그램 단계

사정단계는 치료레크리에이션 과정의 첫 단계로서 클라이언트와 그 체계에 관한 정보를 수집하는 체계적인 과정이다. 여기서 체계적인 과정이란 클라이언트의 욕구를 해결하기 위해 필요로 하는 정보를 수집하고 분석한 뒤 이를 바탕으로 서비스 계획으로 전환하는 과정을 말한다. 즉 클라이언트의 상황을 이해하고 이를 도대로 바람직한 서비스 실행 계획을 수립하기 위한 전문적 서비스 전달 과정 중 하나이다(이준우 외, 2006: 178-179).

사정단계는 프로그램 전체 과정에서 가장 중요한 단계에 해당한다. 그 이유는 사정단계에서 이해한 클라이언트의 욕구가 계획, 실행, 그리고 평가 단계에까지 영향을 주기 때문이다. 즉 사정은 개입을 위한 목적을 설정하는 핵심적인 과정이며, 사정의 정확성을 토대로 실행 방법의 선택이 이루어지고, 개입의 효과성을 판단할 수 있다(이원숙, 2008: 251).

1. 사정의 정의

사정(asessment)의 사전적 의미를 살펴보면, appraisal., estimation, evaluation, judgement와 동의어로서 '사람 또는 사물의 특성, 질 또는 능력을 평가하거나 가치를 부여하는 것'을 의미한다(Oxford University Press, 2001). 이것은 사정(assessment)의 의미가 '사람 또는 사물의 가치 평가'에 중심을 두고 있음을 알 수 있다(정준구, 2009: 9).

사정단계는 한 마디로 말하면 클라이언트의 여가와 관련된 욕구를 이해하는 과정이다. 클라이언트의 상황을 정확하게 이해할수록 지원 내용의 충실도와 지원의 효과가 크게 된다. 클라이언트의 여가와 관련된 욕구를 해결하기 위해서는 일차적으로 여가와 관련된 욕구를 이해하는 것이 무엇보다도 중요하다. 보다 구체적으로 말하면, 클라이언트의 여가에 대한 관심과 흥미, 태도, 지식수준, 행동 그리고 능력뿐만 아니라 클라이언트를 둘러싸고 있는 사회 · 환경적 요소에 이르기까지 관련된 정보를 수집 · 분석 · 평가하고 이를 토대로 클라이언트의 여가와 관련된 욕구를 확인해야 한다. 이것은 적절한 서비스 계획과 평가 수립을 위한 기초선 기능을 수행한다(정준구, 2009: 11).

2. 사정의 방법

사정의 목적을 얻기 위해서 치료레크리에이션 전문가는 클라이언트 상황에 맞는 사정 방법을 선별하고 적용하는 것이 바람직하다. 사정 방법은 면접, 관찰, 설문지 응답, 선행자료 검토, 그림 그리기 등이 있다.

첫째, 면접은 클라이언트 또는 클라이언트의 가족 구성원과 일대일 접촉 속에서 공식적, 비공식적 대화를 통해 클라이언트와 관련된 정보들을 수집하는 것이다. 이때 사용하는 대화는 일상적인 이야기를 다루는 것이 아니라, 치료레크리에이션 프로그램을 계획하고 실행하기 위해 클라이언트를 이해하고 프로그램과 관련된 정보를 얻기 위한 전문적 대화라고 말할 수 있다.

둘째, 관찰은 클라이언트의 행동을 직접적 · 간접적으로 살펴보면서 클라이언트의 여가 행동과 관련된 자료를 수집하고 이해하는 방법을 말한다. 관찰은 가능한 한 실제 생활 속의 클라이언트 행동(면접처럼 행동을 인식하지 않은 상태)을 기록하는 것으로 클라이언트가 자신이 관찰되고 있다는 것을 모르도록 자연스러운 환경을 조성한 후 실시하는 것이 좋다.

셋째, 클라이언트의 인지가 충분히 갖추어 있거나 전문가의 도움 없이도 정보를 제공할 수 있다면 설문지 응답을 사용할 수 있다. 설문지 응답은 클라이언트가 주어진 설문 문항을 읽고 자신의 생각이나 감정을 표준화된 또는 비표준화된 설문지에 기록하는 방식이다. 설문지는 가급적 표준화된 설문지를 사용하는 것이 바람직하나 필요할 경우 비표준화된 설문지를 사용할 수 있다. 전문가는 클라이언트가 작성한 설문지를 통해 필요한 정보를 신속하게 수집할 수 있다.

넷째, 선행자료 검토는 다른 분야 또는 기관에서 보유하고 있는 문서 양식(예를 들면, 의료 차트, 프로그램 일지, 보고서 등)을 검토하는 방법이다. 이는 클라이언트와 직접 접촉하지 않고 정보를 수집하는 방법으로 전문가가 클라이언트와의 불편한 관계를 초래할 가능성을 사전에 차단하고 더불어 필요한 정보를 보다 쉽게 수집할 수 있다.

이와 같이 사정 방법은 다양하고 방법에 따라 각각의 장점과 단점을 갖고 있어 어느 방법이 가장 효과적이라고 말할 수 없다(Peterson & Stumbo, 2000: 229-233; 정준구, 2009: 81-145).

▮표 18-1▮ 사정 방법의 장·단점

장 점	단 점
면 접	
• 클라이언트와 라포 형성 • 클라이언트에게 프로그램 설명 기회 가능 • 클라이언트의 지식과 행동 인식에 목표 설정	• 전문가가 면담 내용을 작성하는데 시간 낭비 • 점수를 부여하고 해석하는데 시간 낭비 • 전문가, 클라이언트, 직원간 불일치 가능
관 찰	
• 클라이언트의 현실적 행동에 목표 설정 • 클라이언트의 행동 비교를 통한 확실한 자료 생산 • 프로그램전 클라이언트 행동과 프로그램후 클라이언트 행동을 비교할 수 있는 가능성 증진	• 전문가가 관찰 내용을 작성하는데 시간 낭비 • 클라이언트의 행동 동기를 알 수 없다. • 유사한 상황에 있는 클라이언트 행동을 볼 수 없다.
자기보고식 설문지 조사	
• 전문가가 효율적으로 시간 활용 • 클라이언트가 효율적으로 시간 활용 • 클라이언트의 입장에서 응답 가능	• 전문가가 클라이언트와 라포 형성 어려움 • 클라이언트에게 질문과 뜻을 설명할 수 있는 기회 제한됨
선행 자료 검토	
• 전문가가 효율적으로 시간 활용 • 대부분의 세팅에서 자료 확보 용이 • 클라이언트의 재접촉 제거	• 정보가 자료에 한정됨 • 기록된 날짜만 사용하기 때문에 정보가 제한 • 클라이언트와 개별적 접촉 제거

출처: Peterson, C. A. & Stumbo, N. J. (2000). Therapeutic Recreation Program Design. Principles and Procedures. p. 233.

이 외에 그림 그리기는 클라이언트의 여가 상황을 그림으로 그려 보는 방법이다.

이는 클라이언트 및 치료레크리에이션 전문가에게 클라이언트의 여가 상황을 이해할 수 있도록 한다. 사회적 관계망 척도는 클라이언트 가족의 환경 간의 관계를 이해하기 위해 적용하도록 구성된 척도이나, 클라이언트의 여가와 관련된 관계를 이해하는 데 도움이 될 수 있다.

사정을 할 경우에는 한 가지 방법만을 선택하기보다는 가장 적절한 방법을 최소한 2개 이상 선택하는 것이 바람직하다.

3. 사정의 내용

치료레크리에이션 전문가가 사정을 할 때 갖는 부담은 "무엇을 사정해야 하는가?"일 것이다. 프로그램과 관련하여 일차적으로 수집해야 할 정보는 클라이언트 및 환경과 관련된 정보이다.

1) 클라이언트 관련 사정 내용

여기서 클라이언트와 관련된 정보는 인구통계학적 정보, 건강 관련 정보, 여가 관련 정보를 말한다.

(1) 인구통계학적 정보

인구통계학적 정보는 성(gender), 나이, 교육 수준, 결혼 상태, 직업 유무 등 클라이언트의 객관적 정보를 의미한다. 인구통계학적 정보는 단순히 사정 단계에 절차로 치중하는 것은 바람직하지 않다. 이 정보는 치료레크리에이션 프로그램을 개발할 때 중요한 역할을 수행한다.

나바(1980)에 따르면, 클라이언트의 특성은 사정 내용과 방법에 있어 직접적인 함의를 갖고 있는 것으로 나타났다. 예를 들면, 교육 가능급 지적장애 아동과 70대 노인을 위한 여가 기술과 사회적 상호작용 증진 프로그램은 프로그램 이름이 같더라도, 이들의 연령, 신체 기능, 관심 영역에서 차이가 나타나게 된다. 따라서 사정 계획을 수립하고 적용하려고 할 때 이들 특정 집단을 고려해야 한다(Navar, 1980).

클라이언트의 학력 수준이 초등학교 졸업이라면, 치료레크리에이션 전문가는 그의 수준에 적합한 활동 수준(많은 계산 능력을 요구되지 않는 활동)을 선별하고 적용할 수 있어야 한다. 반면에 클라이언트의 학력 수준이 대학원 이상의 학력 수준을 갖고 있다면, 전문가는 그의 학력 수준에 부합하는 활동(계산 능력이 어느 정도 요구되는 활동)을 선별하고 적용할 수 있다(정준구, 2009: 41).

(2) 건강 관련 정보

건강 관련 정보는 클라이언트의 질병 또는 장애 유무, 질병 또는 장애 특성, 복용하고 있는 약물 여부 및 주요 내용 등 객관적 정보를 의미한다. 즉 의료 차트, 검사 결과, 진단 상태, 연구 보고, 신체검사 등을 통해 이전 또는 현재 클라이언트의 의료 또는 건강과 관련된 자료들을 말한다(Carter et al., 1985: 131).

예를 들어, 정신과 병동에 입원하고 있는 클라이언트가 현재 조현병과 관련된 진단을 받았다면, 치료레크리에이션 전문가는 사정 단계에서 망상, 환청 등 조현병과 관련된 증상이 치료레크리에이션 프로그램 과정에서 어떤 영향을 미칠 것인지를 판단하고 이에 대처할 수 있는 대안을 계획 단계에 포함시켜야 한다.

또한 클라이언트가 장애 진단을 받지 않은 비장애인이라도, 클라이언트의 현재 건강 상태에 대한 정보 수집은 클라이언트의 사정 내용에 포함될 수 있다. 예를 들어, 노인은 신체, 인지, 정서, 사회적 기능에서 노화를 경험하지만, 이러한 경험은 의학적 진단으로 장애 진단 범주에 포함되지 않을 수 있다. 그렇다고 노화 과정에 있는 노인의 건강 상태가 매우 좋다고 평가할 수도 없다. 그래서 전문가는 비록 노인이 장애 진단을 받지 않았어도 프로그램 개입의 효과를 얻기 위해서는 노인의 건강과 관련된 정보를 수집해야 한다. 노인의 근력 저하는 다양한 여가활동 참여에 있어 장애물이 될 수 있다. 노인의 사회적 고립은 개인 중심의 여가생활에 편중될 가능성이 높다(정준구, 2009: 42-43).

(3) 여가 관련 정보

여가 관련 정보는 클라이언트 또는 클라이언트 가족 간의 면담, 클라이언트의 여가 행동 관찰, 다양한 여가 관련 설문지(척도) 응답 자료, 그리고 선행 자료 검토를 통해 클라이언트의 여가 관련 정보를 수집하는 것을 말한다. 이들 정보들은 주관적 · 객관적 자료를 모두 포함하고 있다. 여가 관련 정보는 다른 전문 영역과 비교하였을 때 치료레크리에이션 영역의 위치를 확보하고 전문 영역으로서의 정체성을 확립할 수 있기 때문에 인구통계학적 정보, 건강 관련 정보와 함께 매우 중요한 자료가 된다. 따라서 치료레크리에이션 전문가는 클라이언트를 사정할 때 클라이언트의 여가와 관련된 태도, 관심, 참여 수준, 만족도 등 관련 자료 수집을 소홀히 해서는 안 된다.

클라이언트의 여가 관련 정보를 수집하는 것은 과거의 여가활동보다는 현재의 여가활동에 초점을 두고 수집하는 것을 말한다. 과거의 여가활동은 현재의 여가활동을 이해하기 위한 기초 정보로서 클라이언트의 여가 사회화 과정을 이해하는 데 도움을 준다.

2) 기관 관련 사정 내용

대부분 클라이언트는 주로 기관을 이용하는 경우가 많다. 치료레크리에이션 전문가와 개별적인 접촉에 의해 서비스가 이루어지는 경우도 있지만, 기관의 의뢰를 통해 이루어지는 경우도 있다. 그래서 클라이언트가 이용하고 있는 기관은 치료레크리에이션 프로그램 성격에 영향력을 미치는 체계가 된다. 여기에는 기관의 철학, 사명, 연혁, 조직 형태 그리고 인적 · 물적 자원, 재정 등이 포함된다(Carter et al., 1985: 132).

예를 들어, A 요양원의 설립 목적은 입소 노인의 노후를 보다 밝고 즐겁게 보내도록 서비스를 제공하는데 있고, B 요양원은 보건을 통해 건강한 생활을 할 수 있도록 서비스를 제공하고 있다. 치료레크리에이션 전문가가 치료레크리에이션 프로그램의 성격을 확인하기 위해 프로그램 계획 전 두 기관을 사정한다고 하면, A 요양원은 프로그램의 성격을 밝고 즐겁게 보낼 수 있도록 자원을 동원하고 지원할 것이다. 반면, B 요양원은 즐거움 보다는 입소 노인이 보다 건강하게 생활할 수 있도록 자원을 동원하고 지원할 것이다. 이렇듯 동일한 요양 시설이라 하더라도 기관의 철학 및 설립 목적에 따라 치료레크리에이션 프로그램의 성격은 다르게 구성된다(정준구, 2009: 48).

기관을 분석하기 위해 다음과 같은 질문을 활용한다면 치료레크리에이션 전문가는 매우 유용한 사정을 할 수 있을 것이다(Peterson & Stumbo, 2000: 215).

- 기관의 사명은 무엇인가? 새로운 프로그램 영역의 초점은 무엇인가?
- 기관의 독특한 특성은 무엇인가?
- 현 기관에서 서비스 전달에 영향을 미치는 기준은 무엇인가?
- 어떤 클라이언트 집단이 서비스를 받고 있으며, 또 변화되고 있는가? 얼마나

거주하고 있는가?

- 현 기관의 다른 분야에서 사용하고 있는 사정 형태는 무엇인가?
- 클라이언트 사정 목적을 위해 활용될 수 있는 자원은 어떤 것이 있는가?.

3) 환경 관련 사정 내용

클라이언트 주변의 환경적 요소 그리고 요소 간의 상호작용 형태에 대한 사정은 클라이언트, 기관과 함께 사정 내용에 포함될 필요가 있다. 클라이언트의 생활환경과 환경과의 상호작용 형태에 관한 정보를 사정하는 것은 클라이언트의 여가활동을 유지하는데 미치는 영향 요소를 이해할 수 있다(Howe-Murphy & Charboneau, 1987).

환경적 요소를 사정해야 하는 두 번째 이유는 여가활동 참여에서 나타나는 장애요소를 파악하기 위한 것이다(Howe-Murphy & Charboneau, 1987). 클라이언트는 항상 기관에서만 거주하거나 머물지 않는다. 그들은 언제든지 자신이 거주하고 있던 지역사회로 돌아가 지역사회에 있는 여가 자원을 자유롭게 이용하며 자신이 선호하는 여가 활동에 참여하게 된다. 그런데 클라이언트가 여가 활동에 참여하는데 필요한 자원이 부족하거나 이용이 어려우면 여가활동을 충분히 즐길 수 없게 된다.

사정 내용은 개인에게 영향을 미칠 수 있는 환경 속에 있는 요소를 포함한다. 이에 해당되는 요소들로는 대체로 다음과 같은 요소들을 포함할 것이다(Howe-Murphy & Charboneau, 1987).

- 건축 공학상의 장애물
- 클라이언트의 인접 환경에 있는 태도
- 프로그램 환경의 사회적 분위기(관심도, 개방적이면서 성실한 의사소통, 성공 등)

- 가족 체계와 문화 체계
- 학교, 지역사회 그리고 조직 체계
- 특수 도구 및 장비
- 지지적 서비스

참고 농촌 노인의 사정

농촌 경로당을 방문하여 노인의 행동을 관찰하고 면접과 설문지 응답 방법을 통해 농촌 노인의 정보를 확인할 수 있었다. 면접은 경로당 소재 보건소장과 이루어졌으며, 설문지는 구조화된 설문지인 여가만족척도를 사용하였다. 사정 결과는 다음과 같다.

- 지역에 따라 성별 분포는 차이가 있다.
- 50대에서 90대에 이르는 다양한 연령층이 이용하고 있었다.
- 학력은 낮으며 경제적으로 어려움에 처해 있는 경우가 많다.
- 대부분 만성질환을 갖고 있으며 건강에 대한 욕구가 강하다. 보건진료소에서 제공하는 방문보건에 의존하는 경우가 많다.
- TV 시청, 화투, 음주 등의 여가활동이 주를 이루었다. 남성 노인들이 주로 음주와 화투를 병행하고 있다면, 여성 노인은 70대 초반 이하는 화투 의존도가 높고 70대 중반 이상은 주로 TV 시청에 의존하는 경우가 높다.
- 새로운 여가에 대한 관심은 있으나 여가와 관련된 지식과 기술이 부족하다.
- 여가 활동은 주로 농한기에 경로당을 통해 이루어지고 농번기에는 잘 이루어지지 않는다.
- 신체적 및 사회적 여가 만족도가 낮다.

CHAPTER

19 기획(Planning)

사정단계를 통해 정보를 수집하고 클라이언트의 여가와 관련된 욕구를 이해하였다면 기획단계를 수행하게 된다. 기획단계는 사정에서 수집된 정보를 기초로 클라이언트에게 가장 바람직한 서비스 실천의 목표설정을 클라이언트와 함께 생각하고 계획을 수립해 가는 단계이다(이준우 외, 2006: 215). 즉 사정 내용을 변화를 위한 수행가능한 전략으로 전환시키는 것이다(이원숙, 2008: 29-58). 그리고 전문가는 프로그램의 목적, 목표, 활동 내용 그리고 평가 방법을 수립함으로써 전략을 구체화한다. 〈표 19-1〉은 사정단계와 계획단계 간의 관계를 제시한 것이다.

▌표 19-1▌ 사정단계와 기획단계 간의 관계 예시

사정단계	기획단계	예
사회적 상호작용 기술 부족	자발적 여가활동 참여 촉진	×
사회적 상호작용 기술 부족	사회적 상호작용 기술 습득	○

치료레크리에이션 프로그램에서 기획단계는 전반적 프로그램과 구체적 프로그램을 개발한다. 2가지 프로그램을 개발하는 일은 전문가의 입장에서 매우 부담을 가지는 일이지만, 이 과정을 통해 클라이언트의 욕구와 일치하는 프로그램을 개발

할 수 있음을 인식하는 것이 필요하다.

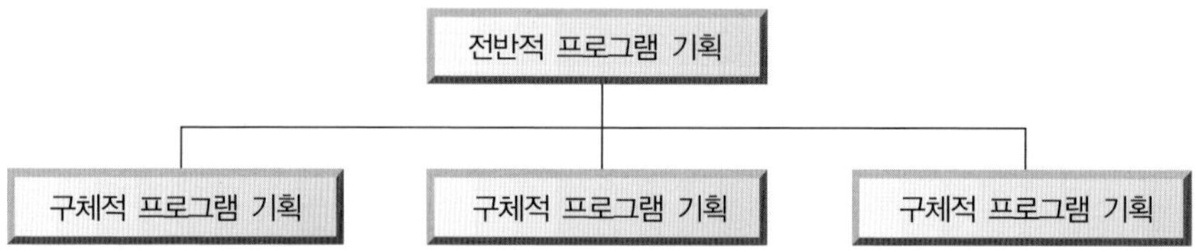

▌그림 19-1▌ 전반적 프로그램 기획과 구체적 프로그램 기획 관계

먼저 치료레크리에이션 전문가는 전반적 프로그램을 개발한다. 전반적 프로그램은 프로그램 서비스 방향과 이에 부합하는 구성 요소를 선별 및 결정하는 단계이다. 한 마디로 '무엇'을 결정하는 단계이다. 이를 위해서 사정단계에서 수집한 정보를 바탕으로 클라이언트의 욕구를 이해하고 이를 전반적 프로그램으로 전환한다.

전반적 프로그램이 개발한 뒤 전문가는 전반적 프로그램에서 결정된 구성 요소를 현실에서 실현할 수 있도록 구체적으로 세우는 과정을 밟아야 한다. 즉 '무엇'을 '어떻게'로 전환하는 것이 구체적 프로그램 개발에서 해야 하는 일이다.

1. 전반적 프로그램 기획

전반적 프로그램 개발은 클라이언트의 욕구를 전반적인 프로그램 틀 속에 전환하는 것으로, 치료레크리에이션 프로그램에서 매우 중요한 단계이다(Peterson & Stumbo, 2000: 79).

전반적 프로그램을 개발할 때 일차적으로 유념해야 할 일은 클라이언트의 욕구와 관련된 서비스 영역이 무엇인지를 설정해야 한다는 것이다. 즉 클라이언트와 그 체계를 분석하여 도출된 욕구를 기능적 개입, 여가교육, 레크리에이션 참여 영역 중 가장 적합한 영역으로 전환한 뒤 이를 목적과 목표로 설정한다.

둘째, 목적과 목표에 적합한 구성 요소를 선별하고 결정하는 것이다. 구성 요소는 목적과 목표를 성취하기 위한 요소로서 기관의 제한점과 이용 가능한 자원 내에서 실행가능성과 실용성을 검토하여 선별 및 결정을 해야 한다(Peterson & Stumbo, 2000: 79-81).

전반적 프로그램 기획은 분석(analysis), 개념화(conceptualization), 조사(investigation), 결정(determination) 과정을 거치면서 정교화된다.

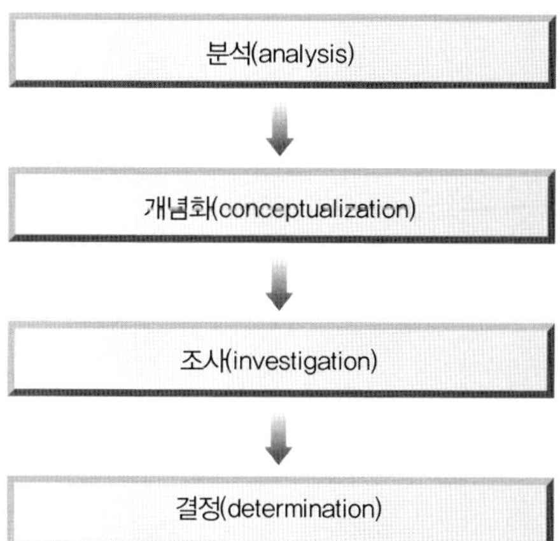

▌그림 19-2▌ 전반적 프로그램 계획 과정

① 분석(Analysis)

분석은 클라이언트와 클라이언트의 여가와 관련된 욕구를 조사하는 데 목적을 갖는다. 이는 프로그램 방향 설정과 프로그램 전체 운영에 영향을 미치는 다양한 요소들을 연구하는데 필요하다. 그리고 개념화 단계의 목적과 목표를 수립하는 데 필요한 배경 자료를 제공한다.

효과적으로 분석하기 위해서는 클라이언트 및 환경 체계(기관, 자원, 지역사회, 치료레크리에이션 전문가 영역)를 확인하는 것이 필요하다.

첫째, 클라이언트 영역은 사정 단계에서 수집한 클라이언트와 관련된 내용(인구통계학적 정보, 의료 관련 정보, 여가 관련 정보)을 확인한다.

둘째, 기관 영역은 기관의 사명과 기능, 기관의 역사와 성립 배경, 기관의 규정과 자원을 확인한다.

셋째, 자원 영역은 프로그램과 관련된 기관의 자원을 말하는데, 주로 프로그램 예산, 프로그램 시설 및 장비, 지원 인력을 확인한다.

넷째, 지역사회 영역은 클라이언트가 퇴원 또는 프로그램 이후 살게 되는 장소 또는 현재 지역사회를 확인한다.

다섯째, 치료레크리에이션 전문가 영역은 기관 내에 치료레크리에이션 전문가가 거주하고 있는 지, 치료레크리에이션 전문가의 전문성을 확인하는 것을 말한다.

위 영역을 확인하면서 치료레크리에이션 전문가는 프로그램의 전반적인 방향을 설정하게 된다.

② 개념화(Conceptualization)

개념화는 프로그램의 목적과 목표를 설정하는 것을 말한다. 이 중 가장 중요한 과제는 목적을 진술하는 것이다. 그 이유는 전반적 프로그램의 핵심이 되기 때문이다.

특히, 클라이언트의 여가와 관련된 욕구, 클라이언트의 유형, 기관의 특성은 목적 진술 내용에 많은 영향력을 미치게 된다. 분석 단계에서 얻은 정보는 기관의 위임 아래 클라이언트의 여가 욕구를 해결하는데 필요한 의사 결정이 적절히 이루어질 수 있는 정보를 제공한다.

목적 진술이 올바르게 이루어지기 위해서는 (1) 무엇보다도 문장 내용이 간략해야 하며, (2) 프로그램의 당위성이 제시되어야 한다. (3) 메시지가 분명하게 제시되어야 하며, (4) 장문으로 구성하되 한 문장으로 이루어져야 한다.

목적 진술이 이루어지면, 목표가 진술되어야 한다. 목표 진술은 프로그램 목적을 위해 필요한 내용을 서술하는 것이다. 주의해야 할 것은 목표는 측정할 수 있도록 작성하는 것이 아니라 내용을 서술해야 한다는 것이다. 이를 위해서는 진술한 목적을 바람직하게 이해하고 있어야 하며, 대안과 기준에 대해 많은 관심과 세심한 주의가 반영되어야 한다.

▌표 19-2▌ 기능적 개입 서비스 목표

- 적합한 신체 증진 서비스 제공하기
- 대·소근육 증진하는 활동 제공하기
- 현재 기억 능력을 유지할 수 있도록 지원하기
- 인지 기능을 증진시키기
- 현실 지향을 증진하는 자극 제공하기
- 인내력을 증진하는 서비스 제공하기
- 현재의 과제 집중 수준을 유지하도록 지원하기
- 게임 상황에서 전략을 사용할 수 있는 능력을 증진하는 활동 제공하기
- 적절한 정서 표현을 지원하기
- 장애 행동을 최소한할 수 있는 능력을 증진하는 서비스 제공하기

▌표 19-3▌ 여가교육 서비스 목표

- 여가 인식과 여가의 중요성을 증진할 수 있는 서비스 제공하기
- 여가 및 레크리에이션과 관련된 자기 인식 증진시키기
- 개인의 여가 장애물을 확인할 수 있는 활동 제공하기
- 여가 태도와 가치를 탐색하고 개발할 수 있도록 지원하기
- 여가와 관련된 문제 해결 능력을 개발하고 활용할 수 있도록 지원하기
- 집과 이웃의 여가 자원에 대한 지식 증진하기
- 사회적 상호작용 기술을 증진시키는 활동 제공하기
- 새로운 여가 기술 영역을 탐색하기

▌표 19-4▐ 레크리에이션 참여 서비스 목표

- 이미 획득된 여가 기술의 참여를 촉진하기
- 여가에서의 자기표현 촉진시키기
- 구조화된 사회적 상호작용 기회 제공하기
- 신체와 체력의 현 상태를 격려하기
- 다양한 신체적·정서적·사회적 기술의 통합을 위한 환경 제공하기
- 자기 지향적이며 창조적인 여가 참여를 위한 기회 제공하기
- 만족과 재미의 경험을 위한 기회 제공하기

〈표 19-5〉는 클라이언트 욕구를 목적과 목표로 전환한 예이다. 앞서 사정 단계에서 농촌 어르신은 새로운 여가에 관심을 갖고 있으나 여가와 관련된 지식과 기술은 부족한 것으로 나타났다. 클라이언트 욕구에 적합한 서비스 영역으로 여가교육 서비스를 고려할 수 있으며 이에 적합한 목적과 목표를 기술하고 있다.

▌표 19-5▐ 클라이언트 욕구에 따른 목적과 목표 예시

욕구	서비스 영역	목적과 목표
신체 기능 증진	기능적 개입	목적: 여가활동에 필요한 신체 기능을 증진시킨다. 목표: 적합한 신체 증진 서비스를 제공한다.
새로운 여가 기술 습득	여가교육	목적: 여가와 관련된 지식과 기술을 습득시킨다. 목표: 새로운 여가 기술 영역을 탐색시킨다.
삶의 흥미	레크리에이션 참여	목적: 흥미 있는 여가활동 참여 기회를 제공한다. 목표: 만족과 재미있는 경험을 할 수 있는 기회를 제공한다.

③ 조사(Investigation)

조사는 프로그램 구성요소를 선택하는 것이다. 여기서 프로그램 구성요소는 프로그램 실행을 위한 운영 단위를 말한다. 각 구성요소는 의도한 목적 내용 영역, 상호작용 과정에 따라 구분될 수 있으며, 각 구성요소는 다른 구성요소와는 다르게

실행되고 평가된다.

▌표 19-6▌ 조사 단계 절차

1. 목표 재검토하기
2. 바람직한 결과를 얻을 수 있는 중요 목표를 확인한다.
3. 가능한 각 프로그램 구성요소를 위해 각 목표를 브레인스토밍하기
4. 가능 영역 목표 재검토하기
5. 유연성, 실천가능성, 유용성에 필요한 아이디어 조사하기
6. 가치, 유연성, 실현성, 유용성 여부를 가늠할 수 없는 아이디어 제거하기

〈표 19-7〉은 목적과 목표에 따른 구성요소를 제시한 예이다. 목적과 목표는 여가활동에 필요한 신체 기능을 증진시키는 것이었다. 신체 기능에 해당하는 영역은 근력, 근지구력, 유연성 등 다양한 신체 영역을 검토할 수 있다.

▌표 19-7▌ 목적과 목표에 따른 구성요소(예시)

목적과 목표	구성요소
목적: 여가활동에 필요한 신체 기능을 증진시킨다. 목표: 적합한 신체 증진 서비스를 제공한다.	근력 강화, 유연성 향상, 협응력 강화

④ 결정(Determination)

결정은 프로그램 구성요소를 선택하는 것이다. 프로그램 구성요소를 선택할 때에는 의사 결정 과정이 이용된다. 〈표 19-8〉를 살펴보면, 조사단계에서 검토한 신체 영역 가운데 '근력 강화'를 선택한 것을 볼 수 있다.

▌표 19-8▌ 결정(예시)

서비스	구성 요소	결정
기능적 개입	신체적 기능	근력 강화

▌표 19-9▐ 전반적 프로그램 기획(Comprehensive Program Planning)

Ⅰ. 분석(Analysis)

1. 클라이언트 분석

1) 인구통계학적 자료

연령 / 성별	20세 미만	21세~29세	30세~39세	40세~49세	50세 이상
남	0	0	0	0	0
여	0	1	1	7	1
계		1	1	7	1
종교	무교	기독교	천주교	불교	기타
인원	7	1	–	2	–
학력	무학	초졸	중졸	고졸	대졸 이상
인원	1	8	1	–	–
경제	상	상중	중	중하	하
인원	0	0	2	8	

2) 건강 관련 자료

진단명	정신장애	지적장애	뇌병변	계
인 원	1	2	7	10

3) 여가 관련 자료

(1) 여가활동유형 (검사여☑ 부□)

현재 즐기는 여가 활동명	개인별 여가활동유형
수다	GM
TV시청	SM
복지관 프로그램 이용하기	GM
전반적 여가활동유형	GM

2. 기관분석

1) 기 관 명: ○○장애인종합복지관

2) 설 립 일: 200○년 ○○월 ○○일

3) 설립취지:

4) 기관조직표:

5) 프로그램현황

6) 주 소: 충북 ○○시 ○○동

7) 교통편:

3. 자원분석

1) 가용인력현황

번호	성명	성별	기관 내 직책	프로그램 개입 시 역할
1	○○○	여	사회복지사	• 클라이언트 연락 • 출결 점검 • 클라이언트 참여 지원

2) 시설 및 장비(활동실)

(1) 시설(평면도): 15평

(2) 장비

내용	텔레비전□	비디오테크 □	노래방기기 □	의자 ☑/ 형태	책상 ☑	벽사용 가능☑
활동 도구명	사용할 만한 도구 없음					

(3) 예산

항 목	금 액
인건비	–
재료비	10,000원×16회기 = 160,000원
기 타	–

(4) 기관여가자원

실내시설	–
실외시설	인근 ○○ 공원, ○○ 복지관 내 시설

4. 지역사회 여가자원 분석

물적자원	–
인적자원	담당 사회복지사(1명)

5. 치료레크리에이션 전문가 분석

번호	성명	성별	기관 내 직책	치료레크리에이션 서비스제공 시 주요 역할
–	–	–	–	–

Ⅱ. 개념화(Conceptualization)

목적	여가생활양식을 이해하고 여가와 관련된 지식 및 기술을 습득시켜 지역사회에서 보다 다양한 여가활동에 참여할 수 있도록 한다.	
목표	여가교육 서비스 ☑	1. 여가 및 레크리에이션과 관련된 자기 인식을 증진시킨다. 2. 여가와 관련된 문제 해결 능력을 개발하고 활용할 수 있도록 지원한다. 3. 사회적 상호작용 기술을 증진시키는 활동을 제공한다. 4. 새로운 여가기술 영역을 탐색한다.

Ⅲ. 조사(Investigation)

서비스 영역	구성요소	프 로 그 램 명
여가교육서비스 ☑	여가 인식	여가 태도 변화, 여가생활양식 이해
	사회적 상호작용 기술	대화 기술, 사회적 네트워크 개발
	여가자원	개인 자원, 가족 자원, 지역사회자원

Ⅳ. 결정(Determination)

서비스 영역	구성요소	프 로 그 램 명
여가교육	여가 인식	여가생활양식 이해
	여가 자원	지역사회자원

COMMENT

출처: 정준구(2008). 여가생활양식 이해. TR Report 2008-04를 정리한 것임.

2. 구체적 프로그램 기획

구체적 프로그램은 전반적 프로그램의 목적과 목표를 실행할 수 있도록 하는 운영 단위이다(Peterson & Stumbo, 2000: 106). 구체적 프로그램이 필요한 이유는 (1) 치료레크리에이션 전문가의 실행을 유리하게 해주고, (2) 평가 목적에 대한 가치를 부여하며, (3) 높은 수준의 프로그램 책무성을 기관이 유지하도록 한다. 이를 위해서 전반적 프로그램 개발 과정에서 결정한 구성 요소를 현실에서 구체적으로 실행할 수 있도록 필요한 과정을 세워야 한다. 여기서 과정은 구체적 프로그램의 목적을 진술하고 목적에 따른 결과로서 최종 프로그램 목표(TPO), 실행가능목표(EO), 성과 측정(PM) 그리고 회기분석지를 진술하는 것을 말한다.

무엇보다도 유념해야 하는 것은 최종 프로그램 목표, 실행가능목표 그리고 성과 측정을 설정하는 것이다. 이 과정은 구체적 프로그램을 성취하기 위한 체계적 과정으로 전문가의 많은 노력을 요하게 된다.

특히 최종 프로그램 목표와 실행가능목표에서 '목표의 위계화'는 전문가가 유념해야 한다. 이것은 프로그램이 지향하는 방향과 과정을 또렷하게 하기 위한 방법으로 달성하고자 하는 궁극적 목표와 목표 달성을 위한 수단목표를 구별하게 할 수 있어 목표 갈등의 소지를 없애 준다(정무성, 2005: 238). 이를 위해서 목적에 따른 최종 프로그램 목표를 최소한 2~3개로 설정하고 실행가능목표는 최종 프로그램 목표의 핵심어를 바탕으로 최소한 2~3개의 측정 가능한 문장으로 설정한다. 그리고 이를 측정 문항인 성과 측정으로 보다 구체화한다. 그리고 최종 프로그램 목표, 실행가능목표 그리고 성과 측정을 얻을 수 있는 매 회기 활동을 구체적으로 설정한다.

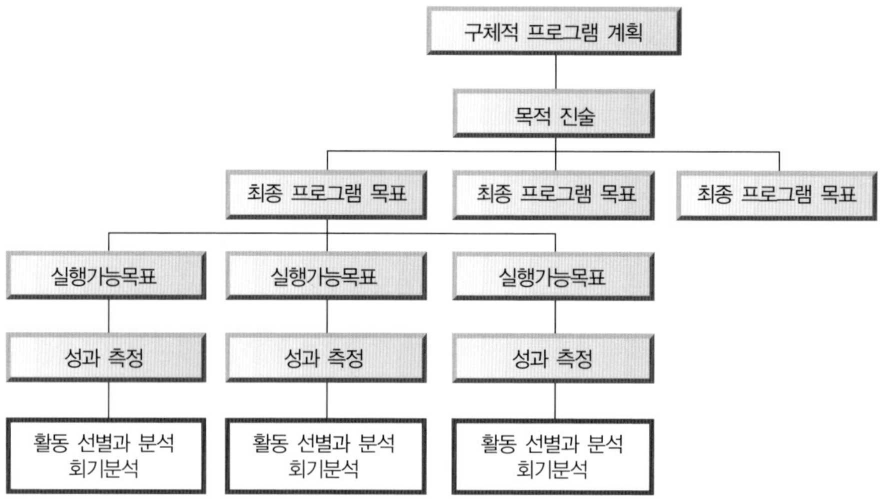

▌그림 19-3▐ 구체적 프로그램 기획 과정

(1) 목적 진술

목적 진술은 프로그램의 초점(의도)을 상세하게 작성하는 것이다. 즉 프로그램이 기능적 개입, 여가교육, 레크리에이션 참여 중 어떤 서비스에 초점을 맞추고 있는지 윤곽을 만드는 것이다. 문장은 상세하게 한 문장으로 한다(Peterson & Stumbo, 2000: 110).

(2) 최종 프로그램 목표(Terminal Program Objectives)

최종 프로그램 목표는 전반적 성과 내용을 말한다. 클라이언트와 관련된 구체적인 바람직한 성과를 작성한다. 그렇다고 최종 프로그램 목표가 전체적인 행동성과에 국한해야 하기 때문에 구체적인 행동목표를 수행하도록 작성되는 것은 아니다. 즉 즉각적으로 측정할 수 있도록 작성하는 것은 아니다.

최종 프로그램 목표를 만들 때 주의해야 하는 것은 각 최종 프로그램 목표가 독립적이면서도 목적 진술 내용에 모두 담겨져 있어야 한다는 것이다(Peterson & Stumbo, 2000: 111-112).

〈보기〉
• 근육을 강화할 수 있다.
• 친사회적 행동이 강화될 수 있다.
• 여가의 개념에 대해 말할 수 있다.
• 타인과 상호작용할 수 있는 기술을 보일 수 있다.
• 자신에게 필요한 여가 관련 정보를 말할 수 있다.

(3) 실행가능목표(Enabling Objectives)

실행가능목표는 보다 구체적인 행동 단위로 분석한 목표이다. 즉 구체적인 목표 행동을 말한다. 내용과 과정 선별은 이들 실행가능목표에 초점을 맞춘 것이다. 이는 측정가능할 수 있도록 구체적이어야 한다.

실행가능목표를 세우기 위해서는 최종프로그램목표의 분석을 통해 가능하다(Peterson & Stumbo, 2000: 112-117).

〈보기〉
• 상지 근육을 강화할 수 있다.
• 동료의 여가를 도울 수 있다.
• 여가의 개념에 대해 말할 수 있다.
• 동료와 눈을 맞추면서 말할 수 있다.
• 주말에 이용할 수 있는 여가를 제시할 수 있다.

(4) 성과 측정(Performance Measures)

성과 측정은 행동 변화, 행동 증진, 행동 습득과 같은 실행가능목표의 성취 내용을 근거로 실제 행동 내용을 측정하는 것을 말한다.

성과 측정은 조건, 행동, 기준을 바탕으로 수립된다. 조건은 관찰될 수 있는 바람직한 행동이 일어날 수 있는 분위기를 말하며, 행동은 바람직한 지식, 기술, 능력에서 입증된 역량에 대한 증거이다. 기준은 클라이언트가 성취되도록 수행되어야 하는 행동 기준을 말한다(Peterson & Stumbo, 2000: 117-122).

〈보기〉
- 프로그램 이전보다 프로그램 이후 팔굽혀 펴기를 최소한 5개 이상 더 할 수 있다.
- 과제 활동을 할 때 동료를 도와주는 횟수가 최소한 3회 이상 증가할 수 있다.
- 과제 활동을 할 때, 동료의 눈을 맞추는 횟수가 최소한 3회 이상 증가할 수 있다.

〈보기〉를 살펴보면, 성과 측정은 다음과 같이 구성할 수 있다.

- 조건: 프로그램 이전보다 프로그램 이후
- 기준: 팔굽혀 펴기를 최소한 5개 이상 더
- 행동: 할 수 있다.

따라서 구체적 프로그램 계획의 성취 여부는 '기준(팔굽혀 펴기를 최소한 5개 이상 더)'을 수행했는지에 대한 확인에 따라 가능할 것이다.

(5) 회기 분석

회기분석지는 최종 프로그램목표와 실행가능목표를 얻기 위해 실행 방법을 기술한 회기별 계획이다. 회기분석지를 구성할 때에는 목표의 중요한 부분을 다룰 뿐만 아니라, 흥미로우면서도 균형이 잘 잡혀 있는 회기를 설계할 수 있도록 주의를 해야 한다. 회기분석지를 기술하기 위해서는 다음과 같은 내용을 바탕으로 기술되어야 한다(Peterson & Stumbo, 2000: 130-137).

- 실행 시간과 실행 내용을 충분히 검토하여야 한다.
- 클라이언트의 특징을 고려하여 활동을 구체적으로 충분히 분석하여야 한다.
- 목표 성취에 관한 관찰과 기록에 관한 시간 및 방법을 제시한다.
- 실행가능목표를 성취하기 위하여 필요한 기본적 정보(부가 자료)를 제시할 수 있다.

3. 활동 선별과 분석

활동은 치료레크리에이션 프로그램의 핵심으로서 클라이언트의 바람직한 행동변화를 위한 중요한 매개체가 된다(O'Morrow, 1976: 142). 치료레크리에이션 전문가는 프로그램 목표에 맞는 활동을 세심하게 선별하고 설정해야 하며, 특히 클라이언트의 능력과 행동 조건에 따라 선별되어야 한다. 이를 위해서 전문가는 활동에 대한 충분한 이해가 선행되어야 하며, 클라이언트의 기능적 능력이 제한되어 있을 경우에는 클라이언트의 특성에 적절한 활동이 될 수 있도록 수정을 하는 것이 바람직하다(Peterson & Stumbo, 2000: 140).

또한 활동에서 발생하는 적합한 상호작용을 고려하는 것이 필요하다. Avedon(1974)은 레크리에이션 활동에서 발생하는 상호작용 유형으로 8가지를 제시했다(Avedon, 1974: 170).

① 개인내적(intraindividual)

개인내적 상호작용은 개인 내면에서 일어나는 상호작용 유형이다. 타인 또는 외부 사물과 접촉을 하지 않기 때문에 치료레크리에이션에서 자주 사용하는 상호작용은 아니다. 명상, 백일몽 등이 여기에 해당한다.

② 개인외적(extraindividual)

개인외적 상호작용은 외부 사물과 상호작용하지만 사람들과 상호작용은 하지 않는 상호작용 유형으로 주로 혼자서 활동이 이루어진다. TV 보기, 정원 가꾸기, 컴퓨터 게임, 독서 등이 여기에 해당한다. 치료레크리에이션 프로그램 초기 단계에서 개인외적 상호작용 적용은 클라이언트가 집단 활동에 보다 쉽게 적응하는데 도움을 줄 수 있다.

③ 집합적(aggregate)

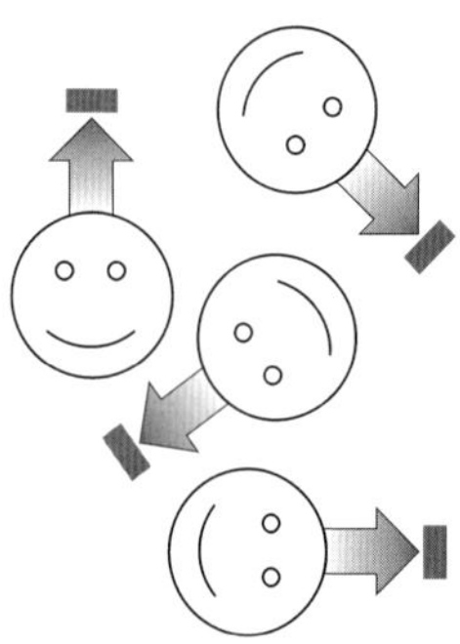

집합적 상호작용은 한 공간에서 다수가 외부 사물과 상호작용을 하지만 다른 사람과는 상호작용을 하지 않는 상호작용 유형이다. 이 상호작용은 타인과의 상호작용을 해야 하는 어떤 압박감이 없으면서도 자연스럽게 타인과 접촉할 수 있는 기회를 제공한다. 따라서 사회적 상호작용 개발 프로그램에서 자주 사용되기도 한다. 때로는 경쟁을 불러일으키기도 한다. 예를 들면, 볼링장에서 혼자 볼링을 하더라도 옆에는 또 다른 사람이 볼링을 한다. 서로 어떤 교류를 하지 않고 자신의 볼링을 즐기지만, 옆 라인에서 스트라이크를 하면 자연스럽게 경쟁의식을 가질 수 있다.

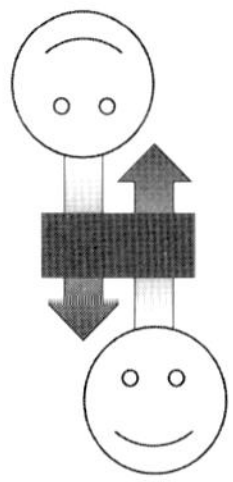

④ 개인 간(interindividual)

개인 간 상호작용은 개인이 다른 개인과 상호작용하는 유형이다. 이 유형은 정신적 · 신체적 여가활동의 기초이다. 장기, 단식 테니스, 라케볼 등이 여기에 해당한다.

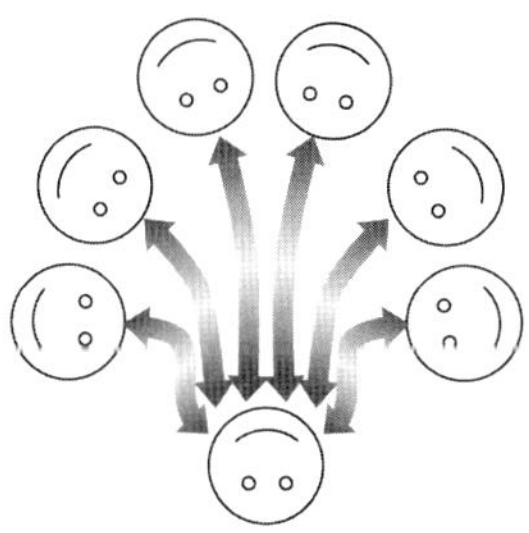

⑤ 일방적(unilateral)

일방적 상호작용은 3인 이상 간의 경쟁적 상호작용이 일어나는 유형이다. 개인과 다수 간의 상호작용 유형에 해당하는데 한 사람을 제외한 다수의 역할은 같다. 무궁화꽃이 피었습니다가 여기에 해당한다.

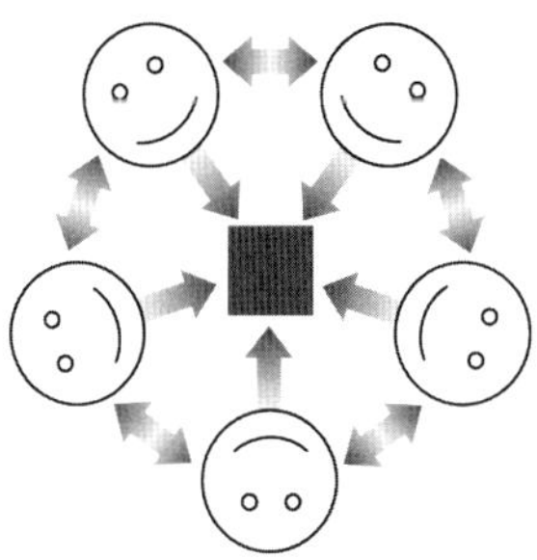

⑥ 집단내적(intragroup)

집단내적 상호작용은 다수가 상호호혜적인 목표를 이루기 위해 협력을 이루는 상호작용 형태를 말한다. 뮤지컬 집단들, 서로 긍정적인 언어 및 비언어로 구성된 공연은 여기에 해당한다.

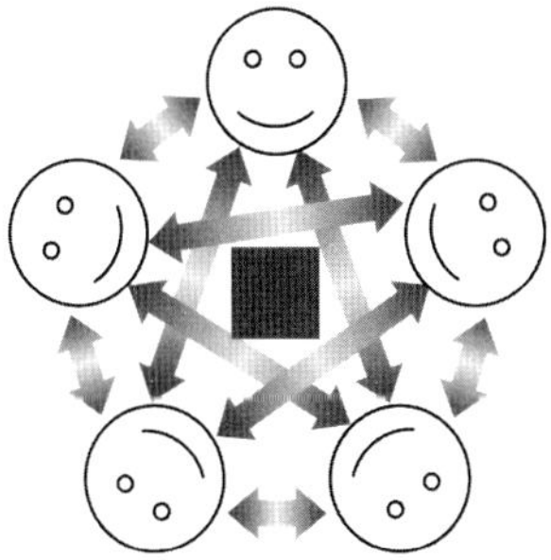

⑦ 집단(group)

집단 상호작용은 3인 이상의 다수가 서로 경쟁을 하는 상호작용 유형이다. 매우 경쟁적이며 압박감을 제공한다. 의사결정, 전략, 행동이 서로 공유되지 않는 특성을 갖는다. 고스톱, 포커, 보드게임 등이 여기에 해당한다.

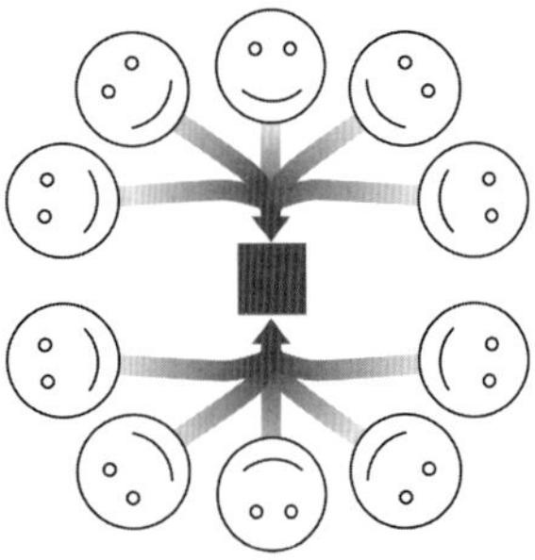

⑧ 집단 간(intergroup)

집단 간 상호작용은 다수 대 다수간의 상호작용을 말한다. 농구, 배구 등 단체 스포츠 활동이 여기에 해당한다.

▌표 19-10▐ 구체적 프로그램 기획[5)]

구체적 프로그램 기획 (Specific Program Planning)	작 성 일: 20○○. ○○. ○○(○요일) 작 성 자: 정 준 구 (인)

Ⅰ. 실행계획(Implementation Plan)

클라이언트		
클라이언트	개별 □	• 성 명(성별): ( ) • 연령: 세 • 진단명:
	집단 ■	• 대 상: 장애인 • 성별분포: 남: 여 = 0: 10 • 평균연령: 세 • 인원: 10 명
실행기간		• 20○○. ○○. ○○. ~ 20○○. ○○. ○○. • 매주 ○요일 10시 00분 / 총 16 Session
실행소요 시간		30분 ~45분 □ / 45분~1시간 ■ / 1시간 ~1시간 30분 □ / 기타 □ ( )

Ⅱ. 프로그램 기술(Program Description)

프로그램명	여가생활양식 이해	
프로그램 목적	자신에게 적합한 여가생활양식을 확인하고 이를 지역사회에서 참여할 수 있도록 한다.	
최 종 프 로 그 램 목표		
1. 자신에게 적합한 여가를 알 수 있다.		
실행가능 목표	성과 측정	측정내용
1-1. 자신에게 적합한 여가활동을 말할 수 있다.	1-1. 자신에게 적합한 여가활동에 대해 구체적으로 말할 수 있다.	0점: 전혀 말하지 않거나 거부한다.
		1점: 단 문장으로 말한다.

5) 정준구 (2008). 여가생활양식 이해. TR Report 2008-04를 정리한 것임.

		2점: 두 문장으로 짧게 말한다.
		3점: 활동에 대한 평가를 두 문장 이상으로 구체적으로 말한다.
2. 자신에게 적합한 여가 자원을 알 수 있다.		
2-1. 자신에게 적합한 여가 자원을 말할 수 있다.	1-1. 자신에게 적합한 여가 자원을 최소한 5개 이상 말할 수 있다.	0점: "잘 모른다"고 말하거나 말하기를 거부한다.
		말한 여가 자원 수를 기록한다.

Ⅲ. 회기별 주제 및 세부 활동(Program Content)

회기	날짜	주제	성과 측정 번호	활동명
1	04 / 23	나의 여가 1	1-1	여가알기
2	05 / 01	나의 여가 2	1-1	여가 시 이보다 더 좋을 수 없다
3	05 / 07	나의 여가 3	1-1	안전 다트 텀블링 몽키
≀				
14	07 / 23	여가자원 6	2-1	인적 자원 개발 활동
15	07 / 30	여가자원 7	2-1	여가전화번호부 만들기 여가자원지도 만들기
16	08 / 06	여가자원 8	2-1	나의 여가 지도 전달

(사)한국디지털치료레크리에이션협회 천안지회

▌표 19-11▐ 회기분석지

회기분석지
(Session Analysis)

회 기: 12
작 성 일: 20○○. ○○. ○○. (○요일)
실 행 일: 20○○. ○○. ○○. (○요일)
작 성 자: 정 준 구 (인)

【주제: 여가 자원 4】

- 활동명(시간): 인사하기(10분)
- 준비물: 없음

활 동 개 입 과 정
지도자: 참여자에게 인사를 한다. 한 주 동안 잘 지내셨어요? 요즘 날씨가 참 더워요. 어떻게 더위를 피하고 계세요? 참여자: 지난 한 주 동안 있었던 일에 대해 이야기한다. 지도자: 참여자의 호응에 대해 감사의 인사를 한다. 고맙습니다. 오늘은 실내에서 할 수 있는 활동과 실외에서 할 수 있는 활동을 함께 한 뒤 이 활동을 할 수 있는 곳이 어디인지를 함께 나눠보는 시간을 갖겠습니다.

- 활동명(시간): 도둑잡기 카드놀이(20분)
- 실행가능목표: 자신에게 적합한 지역사회 여가 자원을 말할 수 있다.
- 준비물: 카드

활 동 개 입 과 정
지도자: '도둑잡기 카드놀이' 활동을 소개한다. 첫 번째 활동은 카드놀이입니다. 이 활동은 숫자와 그림에 대한 개념을 이해하는 데 도움이 되는 활동입니다. 제가 시범을 보이겠습니다. 지도자: 참여자에게 활동 시범을 보인다. 1. 카드를 전부 참여자에게 보여 준다. 2. 카드 그림의 동일 여부를 참여자에게 확인한다. 3. 임의의 카드 10장을 갖는다. 4. 카드 중 동일 그림의 카드 2장을 뽑아 바닥에 내려놓는다. 참여자: 지도자의 시범을 잘 살펴보면서 활동 방법을 익힌다. 지도자 & 참여자: '도둑잡기 카드놀이' 활동을 실시한다. 1. 카드를 전부 참여자에게 보여 준다. 2. 카드 그림의 동일 여부를 참여자에게 확인한다.

3. 임의의 카드 2장을 빼서 감춘다. 이때 카드 그림을 참여자에게 보여 주지 않는다.
4. 각 개인마다 6장의 카드를 나눠준다.
5. 나눠 준 카드 중 동일의 그림을 뽑아 바닥에 놓도록 한다.
6. 순번을 정한다.
7. 순서에 따라 상대방의 카드 한 장을 뽑아 자신의 카드 그림과 비교한 뒤 동일 카드는 바닥에 내려놓는다. 동일 카드가 없으면 그대로 갖는다.
8. 자신의 카드를 모두 내려놓을 때까지 활동을 계속한다.
9. 끝까지 카드를 갖고 있는 사람이 2명이 나오면 활동을 끝낸다.

보조진행자: 각 참여자의 활동 내용을 기록한다.

지도자: 참여자의 참여에 대해 박수와 함께 긍정적 지지를 한다.

- 활동명(시간): 간이 게이트볼(20분)
- 실행가능목표: 자신에게 적합한 지역사회 여가 자원을 말할 수 있다.
- 준비물: 게이트 공(인원 수), 스틱(최소한 2개), 표적대(1개)

활 동 개 입 과 정

지도자: '간이 게이트볼' 활동을 소개한다.

이번 활동은 '간이 게이트볼'입니다. 이미 지난주에 제가 언급을 했습니다. 하지만 지금 날이 무척 더워 오래 할 수 없습니다. 그래서 오늘은 복지관 운동장으로 이동을 한 뒤 일부 활동만을 하겠습니다.

전원: 복지관 운동장으로 이동한다.

지도자: 1단계 활동에 대한 시범을 보인다.
1. 2m 앞에 휴지통 입구가 보이도록 놓는다.
2. 공 1개를 바닥에 놓는다.
3. 스틱을 잡고 공을 쳐서 휴지통 안에 넣는다.
4. 공이 휴지통 안에 들어가지 않으면 실격임을 알려준다.

지도자: 활동에 대해 참여자에게 이해 여부를 확인한다.

지도자 & 참여자: 1단계 활동을 실시한다.

지도자는 각 조를 2조로 나눈다.
1. 각 조를 공을 굴릴 순서를 정한다.
2. 지도자는 활동에 앞서 각 조별 "화이팅!"을 외쳐 응집력을 높인다.
3. 순서에 맞춰 각 조별 1명씩 투구선에 나와 차례로 공을 친다.
4. 지도자는 휴지통 안에 공을 굴린 조원이 많은 조에게 승리를 알려준다.

5. 활동을 2회 실시한다.

지도자: 2단계 활동에 대한 시범을 보인다.

1. 표적대를 일정 거리 앞에 세운다.
2. 공 1개를 놓고 투구선에 선다.
3. 공이 굴러갈 수 있도록 스틱으로 친다.
4. 공이 표적대 안으로 들어가면 성공임을 알려준다. 만일 들어가지 않으면 공이 정지된 곳에서 다시 할 수 있도록 한다.

지도자: 활동에 대해 참여자에게 이해 여부를 확인한다.

지도자 & 참여자: 2단계 활동을 실시한다.

지도자는 각 조를 2조로 나눈다.

1. 각 조를 공을 굴릴 순서를 정한다.
2. 지도자는 활동에 앞서 각 조별 "화이팅!"을 외쳐 응집력을 높인다.
3. 순서에 맞춰 각 조별 1명씩 투구선에 나와 차례로 공을 스틱으로 쳐서 굴린다.
4. 지도자는 표적대 안으로 많이 넣은 조에게 승리를 알려준다.

지도자: 참여자의 참여에 대해 박수와 함께 긍정적 지지를 한다.

■ 활동명(시간): 정리(10분)

활 동 개 입 과 정
지도자: 오늘 활동한 것에 대해 서로 이야기한다. 본 활동의 의의와 필요성을 이야기해 준다. 그리고 본 활동을 할 수 있는 곳이 어디인지를 참여자에게 질문한다. **오늘 우리는 '도둑잡기 카드놀이', '간이 게이트볼' 활동을 하였습니다. 그리고 이것을 할 수 있는 곳이 어디인지를 나눴습니다. 오늘 활동에 참여하신 뒤 소감을 함께 나눠볼까요?** 참여자: 본 활동을 할 수 있는 곳이 어디인지를 지도자와 다른 참여자에게 이야기하면서 내용을 공유한다. 보조진행자: 각 참여자의 발표 내용을 기록한다. 자신에게 적합한 여가 자원을 말한 수를 기록한다. 모르거나 전혀 말하지 않거나 또는 참여 자체를 거부하면 0점을 기록한다. 지도자: 오늘 활동한 것에 대해 정리를 한다. **고맙습니다. 이렇게 반드시 실내에서 활동을 할 수도 있지만 실외에서 할 수 있는 곳도 많지요? 잘 기억해 두셨다가 이후 다시 한 번 해보시면 좋을 겁니다. 그럼 오늘의 활동을 마칠까요? 다 함께 박수를 치면서 마치겠습니다. 함께 즐겨 주셔서 감사를 드립니다.** 지도자, 보조진행자 & 참여자: 박수를 치면서 활동을 마친다.

(사)한국디지털치료레크리에이션협회 천안지회

CHAPTER

20 실행(Implementation)

기획단계에서 전반적 프로그램과 구체적 프로그램을 개발한 뒤 이를 실제적으로 실행하는 것이 실행단계이다. 실행단계는 계획을 행동으로 전환하는 단계로서 전문가와 클라이언트는 클라이언트의 목표를 달성할 수 있도록 돕기 위한 활동을 수행해야 한다. 즉 전문가는 클라이언트에게 영향력을 행사하며 의도적인 변화를 일으키고 클라이언트는 자신이 직면한 문제를 해결하거나 자신의 능력과 잠재력을 개발해 나가야 한다(이준우 외, 2006: 217-219).

활동은 도입, 본, 마무리 단계로 구성한다. 활동 단계는 [그림 20-1]과 같다. 도입 단계는 회기 초기 단계로서, 전문가는 집단 구성원들에게 회기 목적을 제시하고 이를 통해 활동에 대한 관심과 적극적 참여를 얻는다.

본 단계는 목적과 목표를 얻기 위해 선별되고 분석한 활동을 실행하는 단계이다. 전문가는 제한된 시간 내에 설정된 활동을 일련의 절차에 따라 적용하면서 클라이언트의 관심과 적극적 참여를 유도한다. 또한 적합한 실천기술과 촉진기법을 적용하여 클라이언트의 변화가 일어날 수 있도록 노력한다.

마무리 단계는 회기 활동을 통해 구성원들의 관심 및 흥미 그리고 성취했던 것을 재인식하는데 초점을 둔다. 지도자는 참여자들과 함께 회기 초기에 제시했던 목적과 이루어졌던 활동을 재 언급하여 참여자들이 본 회기 동안 얻을 수 있었던 성과를 재인식할 수 있도록 돕는다.

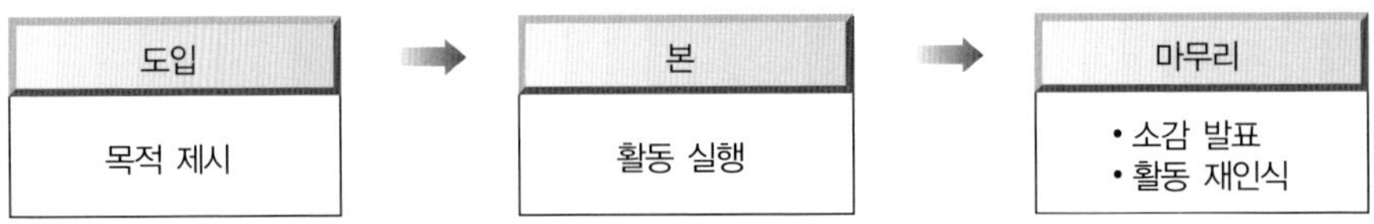

▌그림 20-1▐ 치료레크리에이션 활동

CHAPTER 21

평가(Evaluation)

1. 평가에 대한 이해

평가는 프로그램이 클라이언트에게 어떤 의미와 효과를 가져왔는지를 종합적으로 판단하는 과정으로, 치료레크리에이션 프로그램의 질, 효과성, 성과, 기능, 서비스에 대한 의사 결정을 내리기 위해 정보를 수집하고 분석하는 체계적 과정이다(Peterson & Stumbo, 2000: 288). 따라서 평가단계는 실행단계를 통해 얻은 클라이언트의 변화와 프로그램 성과를 검토하는 과정에 해당한다.

치료레크리에이션 현장에서 프로그램을 평가하는 목적은 프로그램을 개선하는데 필요한 정보를 수집하고, 클라이언트의 욕구와 프로그램 목적에 부합하도록 전문가가 사전에 설계한 프로그램의 효율성을 판단하는데 있다(이준우 외, 2006: 219-221).

2. 평가 유형

프로그램을 평가하는 방법은 평가주체(내부평가와 외부평가), 평가대상(클라이언트와 지도자), 평가시기(형성평가와 총괄평가) 등 여러 가지 유형으로 구분될 수 있다. 여기에서는 평가대상과 평가시기를 중심으로 설명하고자 한다.

1) 형성평가

형성평가(formative evaluation)는 실제 프로그램이 운영되는 과정에서 이루어지는 평가 형태이다. 이 방법은 프로그램 운영을 수정하기 위한 목적으로 정보를 제공하는데 있다. 평가 초점은 프로그램 활동과 세부 목표에 둔다(Kettner et al., 1990: 190). 또한 서비스나 전달방법 개선, 프로그램 결과 향상 그리고 서비스의 효율성 증진을 위해 실시하면서 프로그램 형성 자체에 초점을 둔다.

치료레크리에이션 프로그램 운영하는 과정에서 전문가는 프로그램 운영과 클라이언트의 행동 변화를 확인하기 위해 두 가지 평가를 실시한다. 운영 평가는 전문가의 프로그램 운영 사항을 평가하는 것이며 측정기록지는 클라이언트의 행동 변화를 확인하기 위해 평가한다.

치료레크리에이션 전문가는 매 회기가 끝난 뒤, 전문가의 운영사항과 클라이언트의 행동변화를 확인한 뒤 다음 회기에 필요한 사항, 보완할 사항 등을 점검한다. 이러한 과정을 통해 다음 회기의 완성도를 높이는 준비를 한다.

▌표 21-1▐ 운영평가서

운영평가서
(Evaluation Paper)

회 기: 12회기
실행(작성)일: 20○○. ○○. ○○. (○요일)
작 성 자: 정준구 (인)

** 출 석 인 원	6명/성명: 길○○, 박○○, 김○○, 최○○, 조○○, 김○○		
** 결 석 인 원	5명/성명: 정○○, 윤○○, 차○○, 김○○, 신○○		
** 신입인원 (집단)	명/성명:		
평 가 / 내 용	예	아니오	평 가 사 유
각 활동이 목표에 부합된 활동으로 접근되었는가?	○		
지도자와 스태프 간의 의사소통이 원활하게 진행되었는가?	○		
프로그램 운영에 있어 약속된 규범이 얼마나 잘 지켜졌는가? (시간엄수/ 사전계획/ 역할분담)	○		
모든 참여자가 형평성 있게 참여할 수 있도록 프로그램을 유도하였는가?	○		

COMMENT

- 본 회기는 참여자에게 함께 할 수 있는 여가활동을 경험하고 이와 관련된 적합한 여가 공간을 탐색하고 나누는 데 목표를 두었다.
- 본 회기의 성과는 참여자들이 본 회기활동과 관련된 장소를 말할 수 있었다는 것이다. 또한 기관의 협조(운동장에 천막을 설치하여 그늘을 만들어 주었다)로 더운 날씨에도 불구하고 원활하게 활동이 수행되었다는 것이다.
- 그러나 운동장 바닥이 울퉁불퉁하고 풀이 많아 공이 잘 굴러가지 않았고 이것은 참여자들의 흥미를 반감시키는 요인이 되었다. 여가 환경에 대한 고려가 보다 필요한 회기였다.

(사)한국디지털치료레크리에이션협회 천안지회

▌표 21-2▐ 측정기록지

<table>
<tr><td colspan="4">측정기록지(집단)
(Group Performance Sheet)</td><td>회　　　기: 12회기
실행(작성)일: 20○○. ○○. ○○. (○요일)
작　성　자: 정준구 (인)</td></tr>
<tr><th>번호</th><th>성명
(성별)</th><th>1-1</th><th>1-2</th><th>평　가</th></tr>
<tr><td>1</td><td>최○○</td><td>–</td><td>2</td><td>• 지도자가 더위에 어떻게 지내는지? 에어컨은 있는지 물었다. 참여자는 “에어컨은 없고 선풍기만 있어요.”라고 대답했다.
• ‘도둑잡기 카드놀이’ 활동에 말없이 참여하였다. 그리고 본 활동은 “집에서 할 수 있다.”고 대답했다. 활동 평가에서 “재미가 없어요.”라고 소감을 밝혔다.
• ‘간이 게이트볼’ 활동은 흥미를 보였다. 자신이 친 공이 골 안에 들어가면 환하게 웃었다. 본 활동은 “놀이터”에서 할 수 있다고 대답했다.
• 활동 소감에서 “밖이 좋다.”고 대답했다.</td></tr>
<tr><td>2</td><td>길○○</td><td>–</td><td>2</td><td>• ‘도둑잡기 카드놀이’ 활동에 재미있게 참여했다. 지도자가 카드를 섞는 것을 보고 참여자도 따라 하기도 했다. 본 활동은 “나가서(놀러가서) 할 수 있어요.”고 대답했다. 활동 평가에서 다른 사람이 재미없다고 대답하는 것을 듣고 “나는 재미있었는데…. 그래서 하자고 했는데….”라고 소감을 밝혔다.
• ‘간이 게이트볼’ 활동에 재미를 가졌다. 본 활동은 “밖에” 할 수 있다고 대답했다.</td></tr>
<tr><td>5</td><td>조○○</td><td>–</td><td>3</td><td>• 지도자가 더위에 어떻게 지내는지? 에어컨은 있는지 물었다. 참여자는 “에어컨은 없고 선풍기만 있어요.”라고 대답했다.
• ‘도둑잡기 카드놀이’ 활동에 잘 참여했다. 본 활동은 “놀러가서, 방 안에서”라고 대답했다. 활동 평가에서 “재미있었어요.”라고 소감을 밝혔다.
• ‘간이 게이트볼’ 활동은 적극적으로 참여했다. “이거 할 줄 알아요. 이거 복지관에서 했어요.”라고 대답했고 모르는 다른 참여자에게 가르치기도 했다. 자신이 친 공이 골 안에 들어가면 좋아했다. 본 활동은 “밖에서” 할 수 있다고 대답했다.
• 활동 소감에서 “밖이 좋다.”고 대답했다.</td></tr>
<tr><td colspan="5">COMMENT

</td></tr>
<tr><td colspan="5">(사)한국디지털치료레크리에이션협회 천안지회</td></tr>
</table>

2) 총괄평가

총괄평가(summative evaluation)는 프로그램 종결 또는 프로그램을 결론지을 때 실행하는 평가 형태이다. 이 방법은 프로그램 성취(프로그램의 성공과 실패)를 사정하기 위해 이루어지는 평가방법에 해당한다(Kettner et al., 1990: 190). 즉 프로그램이 달성하고자 했던 목표를 얼마나 잘 성취했는가의 여부를 평가하는 방법으로, 프로그램의 효과성과 효율성을 평가할 때 주로 사용한다. 대체로 프로그램을 종결한 이후 실시한다.

치료레크리에이션 프로그램에서도 프로그램 종결 뒤 실시한다. 전문가의 프로그램 운영 사항을 평가하기 위해 종합운영평가가 이루어지며 종합측정기록지는 클라이언트의 행동 변화 여부를 확인하기 위해 평가한다.

▌표 21-3▐ 종합운영평가서

종합운영평가서
(Total Evaluation Paper)

작 성 일: 20○○. ○○. ○○. (○요일)
작 성 자: 정 준 구 (인)

내 용 \ 회 기	1	2	3	4	5	6	7	8	9	10	11	12	13	14	15	16
** 출석인원 (총인원)	7	6	6	8	7	7	7	5	7	10	7	6	8	8	7	6
** 결석인원	0	1	3	1	3	3	3	5	4	1	4	5	3	3	4	5
활동의 적합성 여부	○	○	○	○	○	○	○	○	○	○	○	○	○	○	○	○
지도자와 스태프와의 의사소통 가능 여부	○	○	○	○	○	○	○	○	○	○	○	○	○	○	○	○
규범준수 여부	×	○	○	○	×	○	○	○	○	×	×	○	○	○	○	○
클라이언트에 대한 형평성 있는 참여유도 여부	○	○	○	○	○	○	○	○	○	○	○	○	○	○	○	○

COMMENT

- 지도자는 본 치료레크리에이션 프로그램을 통해 여성장애인의 여가생활양식을 재구축하는 데 목적을 두었다. 이를 위해 개인의 여가생활양식을 인식하고 이와 아울러 여가자원의 폭을 확산시키기 위해 필요한 여가자원을 이해하는 데 목적을 두었다. 그리고 소정의 성과를 얻을 수 있었다. 이러한 결과를 도출하는데 영향을 미친 요인을 살펴보면 다음과 같다.
- 자신의 여가생활양식을 이해하기 위해 활동의 의미, 참여를 통한 만족감 영역 인식, 그리고 관련된 정보를 제공하였다. 이러한 과정에서 참여자는 자신의 여가생활양식을 이해할 수 있었다.
- 자신의 여가와 관련된 자원 인식과 관련된 정보를 제공하였다. 9회기부터 여가와 관련된 인적·물적 자원을 토론하여 자신의 여가 자원이 무엇인지를 알 수 있도록 하였다.
- 16회기에는 전체 회기 내용으로부터 도출된 참여자별 여가와 여가자원을 소개하고 미래 여가를 위해 필요한 자원을 재구성하는 컨설팅을 제공하였다.
- 지도자와 보조진행자(해당 기관 종사자 및 자원봉사원) 간의 원활한 의사소통 역시 원활하게 이루어졌으며, 참여자에게 참여를 촉진하도록 하였다.
- 그러나 일부 회기에서 활동 수정이 이루어진 점은 사전 계획의 치밀성이 좀더 요구된다고 볼 수 있다. 이에 대한 보완이 필요할 것이다.

(사)한국디지털치료레크리에이션협회 천안지회

▌표 21-4▐ 종합측정평가서

종합측정평가서(집단)
(Total Group Performance Sheet)

작 성 일: 20○○. ○○. ○○. (○요일)
작 성 자: 정 주 구 (인)

번호	성 명 (성 별)	연령 (세)	진단명	출석수/ 총회기수	성과 측정 평균점수		개 인 합 계
					1-1 (측정횟수)	1-2 (측정횟수)	
1	최○○ (여)	○○	정신장애	14/15	1.4 (7)	3 (7)	4.4
3	길○○ (여)	○○	지적장애	15/15	2.4 (8)	3.1 (7)	5.5
4	조○○ (여)	○○	지체	14/15	2 (7)	3.1 (7)	5.1
성과 측정 합계					5.8	9.2	15

번호	성 명(성 별)	종 합 평 가
1	최○○(여)	• 적합한 여가활동: 프로그램 초기에는 참여도가 낮고 자신의 여가에 대해서 적극적으로 표현하지 않았다. 그러나 신체적 활동에 참여하면서 즐거움을 표현하고 동료 성원을 인식하기 시작하였다. • 적합한 여가자원: 자신의 여가자원이 언니에 한정되어 있다는 사실을 인식하였다. 이러한 인식을 한 뒤 향후 언니 외에 다른 사람을 만나 함께 산책을 즐길 것을 다짐했다.
2	김○○(여)	• 적합한 여가활동: 초기부터 본 프로그램에 관심과 흥미를 가졌으며 적극적으로 참여했다. 회기가 진행되면서 자신의 여가생활이 주로 혼자 실내에서 이루어진다는 것을 발견하였다. 특히 퍼즐조각 맞추기, 칠교놀이 등은 가장 선호하는 여가활동임을 알게 되었다. 그러나 그림그리기는 싫어하였다. • 적합한 여가자원: 자신이 다양한 여가자원을 갖고 있음을 인식할 수 있었다. 특히 12회기 이후부터 여가자원을 구체적으로 표현하였는데, 배우자, 친구, 모임 회원들과 다양한 여가 시설을 이용하고 있음을 인식할 수 있었다. 특히 배우자는 가장 선호하는 여가자원이었으며, 배우자와 여행을 가거나, 스포츠댄스를 배우고 싶다는 의사를 밝혔다.
3	길○○(여)	• 적합한 여가활동: 초기부터 본 프로그램에 관심과 흥미를 가졌으며 적극적으로 참여했다. 자신의 여가생활이 다른 사람과 함께 즐기는 특성을 갖고 있음을 발견할 수 있었다. • 적합한 여가자원: 다양한 여가자원을 갖고 있었다. 배우자, 자녀(쌍둥이), 복지관 재활팀원과 다양한 여가 시설을 이용하고 있다. 12회기 이후부터 이를 구체적으로 표현했다. 향후 고전무용을 복지관 친구들과 함께 배우고 싶어 하였다. 참여자의 여가자원망을 확대하기 위해 다른 참여자들이 제안(동사무소, 복지관 등)을 하였고 참여자는 이를 수용하여 적절한 시설을 알아보기로 하였다.

(사)한국디지털치료레크리에이션협회 천안지회

3) 혼합평가

혼합평가는 형성평가와 총괄평가를 통합한 평가방법이다. 따라서 두 방법의 장점을 사용한 모형으로 프로그램 발전 및 시행단계마다 나타나는 특성이나 문제에 적절한 평가방법을 융통성 있게 사용할 수도 있다(정무성, 2003: 378-379).

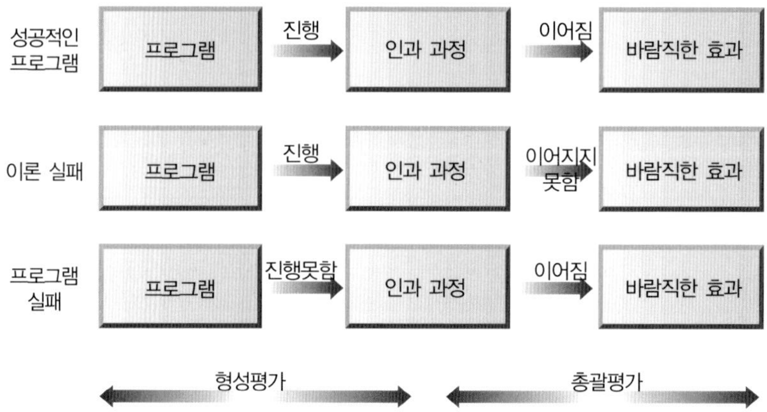

▌그림 21-1▐ 프로그램과 바람직한 효과 간의 관계

출처: Kettner et al., (1990). *Designing and Management Programs: An Effectiveness-Based Approach*, p. 191.

Therapeutic Recreation

PART 07

치료레크리에이션의 적용

들어가기 전에

치료레크리에이션 전문가는 전문직으로서의 풍부한 경험을 보유할 때 다양한 특수인구집단의 여가능력을 지원하는 데 유리하게 된다. 따라서 7부에서는 치료레크리에이션 프로그램 실제 사례를 제시하고자 한다.

CHAPTER 22

치매노인을 위한 치료레크리에이션

1. 치매노인의 여가에 대한 이해

1) 치매노인에 대한 이해

치매(dementia)는 라틴어 'dement'에서 유래되었으며, 마음에서 이탈된 상태를 의미한다(권중돈 외, 2002: 44). DSM-IV에 의하면, 치매는 기억장애 외에 실어증, 실행증, 실인증, 실행기능의 손상을 최소한 한 가지 이상 포함하는 복합적인 인지 결손을 발생시킨다(DSM-IV, 1994: 184-191). 일반적으로 기억하고, 사고하고, 판단하는 능력의 손실로부터 언어 및 신체적 기능을 손실하는 질환에 이르기까지 그 문제의 범위가 넓다. 치매는 뇌가 기질적으로 손상되거나 파괴되어 전반적으로 지능, 학습, 언어 등의 인지기능과 고등 정신기능이 감퇴되는 복합적인 임상증후군을 일괄하여 지칭한다. 빠르면 40세부터 발생할 수 있으나 대개 65세 이상의 노인들에게서 발생하는 노인성 질환이다(이윤로, 2004: 12).

치매의 원인질환은 약 70~100종류에 이르고 있으며 다양한 원인질환으로 인하여 뇌세포의 기능이 저하됨으로써 치매를 유발한다. 특히, 노인치매는 알츠하이머병과 혈관성 치매가 주요종류이다. '알츠하이머형 치매'와 '혈관성 치매'를 약술하면 다음과 같다.

(1) 알츠하이머형 치매(Alzheimer's disease: AD)

알츠하이머병은 1907년 독일의 신경과 의사 알로이 알츠하이머(Aloi Alzheimer)의 이름을 따서 명명된 정신질환이며 초기에는 연령을 기준으로 65세 이전에 발병되는 알츠하이머병과 65세 이후에 발병되는 노인성 치매로 구분하였는데 최근에는 이 둘을 합쳐서 넓은 의미로 알츠하이머병 또는 알츠하이머형 치매라고 부른다. 알츠하이머병은 서서히 시작하여 진행하는 뇌신경의 퇴행성 변화에 의해 일어나는 질병으로서, 노인성 치매에서 가장 흔한 질환이다. 전체 치매 중 약 5~60%를 차지한다. 보통 기억능력의 손상이 초기에 나타나고 진행되면서 실어증, 실행증, 실인증 등의 장애가 일어난다. 돈 계산을 하거나 요리를 하는 등의 수행능력의 장애도 비교적 초기에 일어나며 때로 초조, 불안 등의 정서적인 변화와 성격 변화도 나타난다. 병이 진행되면서 망상이나 환각 등의 정신병적인 증상이 나타나며 대소변을 못 가리거나 걸음걸이가 부자연스러워지는 등의 운동기능의 장애도 일어난다. 근경력 발작과 간질발작 증상 또는 치매 말기에 일어날 수 있다. 65세 이상에서 발병이 잘되며 65세를 기준으로 조기발병 치매와 후기발병 치매를 구별하기도 한다. 알츠하이머병이 잘 일어날 수 있는 조건, 즉 위험인자는 나이, 여성, 두부외상, 치매의 가족력, 낮은 교육수준 등이며 반대로 치매가 잘 일어나지 않도록 보호해 주는 것으로 알려진 것은 높은 교육수준, 비스테로이드 소염제의 사용, 에스트로겐 대체요법 등이다(권중돈 외, 2002: 47-48).

(2) 혈관성 치매(Multy-infarct dementia)

혈관성 치매는 반복되는 뇌졸중으로 뇌의 여러 부위에 경색이 생겨 뇌조직이 손상되면서 인지장애를 일으키게 되는 치매이다. 경색은 뇌혈관이 일시적으로 막혀 뇌에 산소공급이 부족하게 되면 뇌조직의 일부가 손상됨으로써 나타난다. 뇌의 한 부위가 경색되면 일시적인 행동장애를 보이지만 꼭 다른 부위가 그 기능을 보상하므로 증상은 호전된다. 그러나 경색이 여러 번 반복되면 뇌의 보상기능이 중지되고 회복이 불가능하게 된다. 34%(2002년 기준)의 발병율을 나타내고 있으며, 급작스럽게 발생된다. 뇌졸중일 경우 큰 동맥보다는 미세동맥의 폐색 시에 더욱 잘 발생한다. 가장 흔한 원인은 동맥성 고혈압이다. 증상 초기에는 두통, 현기증, 쇠약, 피로 등의 가벼운 신체적 증상을 보이나 이 시점부터 단계적으로 서서히 기억력이 상실되면서 인지기능이 약화되어 말기단계에 이르면 알츠하이머형 치매와 거의 유사한 증상을 나타낸다. 그러나 급성혼란상태가 먼저 나타나기 때문에 초기증상은 알쯔하이머병의 경우보다 훨씬 발견되기 쉽다. 그리고 인격은 비교적 변하지 않는 편이다.

이윤로(2004)는 치매노인을 위한 프로그램을 개발할 때 다음과 같은 목적이 유용하다는 것을 제시한다(이윤로, 2004: 41-42).

- 안전하고 지지적인 환경 제공: 대부분의 환자들은 안전하고 보호적인 환경을 원한다. 환자들에게 기관의 안전성을 분명히 전달해야 한다.
- 역할 개발: 만성적인 치매노인들은 서서히 자신의 역할을 잃어간다. 주간 프로그램은 고립감을 줄이고 동료들과 사회화할 수 있는 장소를 제공한다. 환자들은 프로그램 속에서 독특한 역할을 개발하게 된다. 새로운 역할과 함께 자신이 사람들에게 수용됨을 이해하게 되며, 동료들과의 관계를 개발하게 된다.
- 치료: 치매노인의 치료가 가능하지는 않지만, 노인의 남아 있는 기능을 극대화하고 자신의 기능 약화에 적응하도록 돕는다. 노인의 부적절한 행동을 줄이고 여러 가지 문제를 운용하기 위한 다양한 기법을 활용한다.

2) 치매노인의 여가에 대한 이해

치매가 고통스러운 것은 자신이 즐겼던 다양한 여가활동을 더 이상 할 수 없거나 새로운 활동을 할 수 없게 된다(이애영 역, 2006: 179)는 것이다. 즉 신체적 · 인지적 제약으로 인해 활동 참여율은 낮게 되며, 이는 지루함과 소외로 이어지게 되면서 결과적으로 공격적이거나 수동적 행동을 일으키게 된다(Buettner & Kolanowski, 2003: 18-25).

참고 여가활동에 대한 조언

- 여가활동의 중요성은 무엇을 이루었느냐가 아니고 그것을 즐기는 데 있다.
- 여가활동은 환자의 수준에 맞추어야 하고 과거의 관심이나 능력과 관련된 것이어야 한다.
- 여가활동은 어른을 위한 내용을 담아야 한다.
- 여가활동은 환자의 과거 직업을 추억할 수 있는 내용이어야 한다.
- 여가활동은 오감을 자극하는 내용을 담아야 한다.
- 아무것도 하지 않는 것도 사실은 무언가 하는 것이다.
- 여가활동은 환자에게 남아 있는 육체적인 능력을 활용할 수 있어야 한다.
- 여가활동의 시작은 다른 사람이 해야 한다.
- 여가활동은 환자가 자발적으로 참여하게 해야 한다.
- 여러 세대가 함께 즐길 수 있는 여가활동이 가장 좋다.
- 여가활동은 당신이 좋다고 생각한 활동이 전혀 그렇지 못할 때도 가끔 생긴다.
- 개별적인 간호도 하나의 여가활동이다.
- 여가활동은 짧아도 된다.
- 여가활동은 어디서든 이루어질 수 있다.
- 여가활동을 통해 종교적이거나 정신적인 필요를 충족시킬 수 있어야 한다.

출처: Bell, V. & Troxel, D. (2006). 이애영 역, 치매: 고귀함을 잃지 않는 삶. p. 181.

2. 치매노인을 위한 치료레크리에이션 전략

치매노인을 위한 치료레크리에이션은 노인의 기능을 유지하거나 증진시킬 수 있는 접근이 필요하다(Robertson & Long, 2008: 193-194). 앞서 이야기했듯이, 치매 노인의 신체적 · 인지적 기능의 제약은 다양한 활동에 참여하는 데 제약을 가져오고 이는 결과적으로 수동적 또는 공격적 행동으로 이어지기 때문에 치료레크리에이션 전문가는 치매노인의 잔존 기능을 유지하거나 향상시키는 데 초점을 맞추는 것이 필요하다.

[사례][6)]

1. 치료레크리에이션 사정

사정(assessment)은 S시 ○○종합사회복지관 주간보호센터를 이용하고 있는 치매노인 ○○명을 대상으로 하였다. 클라이언트 특성을 고려하여 사정은 해당 기관 담당자와의 면담을 통해 클라이언트의 기능과 여가를 확인하였다. 또한 기관의 설립 목적과 주요사업, 지역사회 특성 및 활용가능한 자원(장소, 도구, 예산), 치료레크리에이션 전문가 여부 등 환경적 요인을 확인하였다.

사정 결과는 다음과 같다.

클라이언트는 알츠하이머형 치매 노인과 혈관성 치매 노인이 혼합되어 있는 형태였으며 알츠하이머형 치매 노인 수가 혈관성 치매 노인보다 많았다. 대체로 70세 이상의 고령이었다. 대체로 신체 기능은 가능하였으나 주로 의자에 앉아 있는

---

6) 본 프로그램은 정준구의 치매노인 근력 강화 프로그램(TR Report 2009-01)의 일부 내용을 발췌하여 정리한 것임.

경우가 많고 움직임은 적었다. 그래서 기관에서는 신체 기능이 강화된 프로그램을 필요로 하였다.

○○종합사회복지관 주간보호센터는 광역시 ○○구에 위치하고 있다. 많은 아파트와 학교, 잘 정비된 인접도로가 주변 환경을 이루고 있었다. ○○종합사회복지관 주간보호센터는 치매노인과 뇌졸중노인을 위해 다양한 프로그램을 운영하고 있었다. 간호사, 사회복지사, 그리고 보조 요원이 함께 팀을 이루어 치매 노인을 돌보고 있었다. 프로그램실은 매우 넓고 조명은 밝았으며 쾌적한 환경을 갖추고 있었다. 치료레크리에이션 전문가는 기관에 배치되어 있지 않았지만, 주간보호센터 직원은 본 프로그램에 관심이 많았다. 친절하면서도 협조적이었고 치료레크리에이션 전문가와 정보를 교환하는데 적극적이었다.

2. 치료레크리에이션 기획

기획(planning)은 치매노인의 신체 능력 특히 근력을 유지하고 강화하는 데 초점을 두었다. 이는 기관의 요청이 적극적으로 반영된 것이다. 따라서 주요 서비스 영역은 기능적 개입으로 설정하였다.

소근육과 대근육을 강화하는 데 목표를 설정하고 이를 실현할 수 있는 신체 활동들이 구성되었다. 또한 신체 활동은 개인외적, 개인 간, 집합적, 일방적, 집단, 집단 간 상호작용 유형을 반영한 활동을 배정하여 성원 간 다양한 상호작용을 경험할 수 있도록 하였다.

구체적 프로그램 계획 및 활동 내용은 다음 〈표 22-1〉, 〈표 22-2〉를 참고하기 바란다.

▌표 22-1▌ 구체적 프로그램 계획

프로그램명	근력 강화	
프로그램 목적	감퇴하는 근력을 유지하여 신체적 움직임을 활성화하는 데 있다.	
최 종 프 로 그 램 목 표		
1. 현재 보유한 근력이 강화될 수 있다.		
실행가능목표	성 과 측 정	측 정 내 용
1-1. 소근육 근력이 강화될 수 있다.	1-1. 제시된 소근육 활동 기준의 최소한 80% 이상을 수행할 수 있다.	1. 60% 이하 수행: 1점
		2. 60%~80% 수행: 2점
		3. 80% 이상 수행: 3점
1-2. 대근육 근력이 강화될 수 있다.	1-2. 제시된 대근육 활동 기준의 최소한 80% 이상을 수행할 수 있다.	1. 60% 이하 수행: 1점
		2. 60%~80% 수행: 2점
		3. 80% 이상 수행: 3점

▌표 22-2▌ 회기별 주제 및 세부활동(Program Content)

회기	날 짜	주 제	성과 측정 번호	활 동 명
1	○.○○	소근육	1-1	건강박수 Ⅰ & Ⅱ
2	○.○○	소근육 & 대근육	1-1 1-2	건강박수 Ⅲ & Ⅳ 안전 다트
3	○.○○	소근육 & 대근육	1-1 1-2	하히호헤 모션송
4	○.○○	댄스	1-1 1-2	비석치기 춤
5	○.○○	소근육 & 대근육	1-1 1-2	건강박수 Ⅰ & Ⅱ 미니 골프
		-		
45	○.○○	소근육 & 대근육	1-2	풍선 주고받기
46	○.○○	소근육 & 대근육	1-1 1-2	총 연습
47	○.○○	소근육 & 대근육	1-1 1-2	실내 올림픽

3. 치료레크리에이션 실행

치료레크리에이션 프로그램을 운영하기 위해 개입 형태는 소집단으로 구성하였으며, 회기는 장기 개입 방식으로 하였다. 이에 따라 매주 1회 60분씩 총 47회기가 운영되었다.

매 회기 운영은 도입, 본, 마무리 단계로 구성하였다.

도입 단계에서 매 회기 목표를 제시하였고, 스트레칭, 제자리 걷기 활동을 통해 근육을 이완하고 본 활동을 준비할 수 있도록 지원하였다.

목표 성취를 위해 본 활동은 클라이언트가 할 수 있도록 적절하게 조정된 신체활동을 중심으로 실시되었다. 활동 기술은 클라이언트의 흥미 유발과 집단역동성을 생성하기 위해 게임 기술을 활용하였고 촉진기술은 촉구 기법(언어 촉구, 모델링 촉구, 신체 촉구)을 활용하였다. 활동 이전 지도자가 활동 방법에 대해 시범을 보이고 몇 차례 연습을 하여 클라이언트가 활동 방법을 익힐 수 있도록 하였다. 인지능력이 약해 활동을 수행하기 어려운 클라이언트에게는 지도자 및 기관 요원이 클라이언트의 손을 잡고 함께 활동을 수행했다. 이와 함께 활동에 대한 흥미를 가져보다 능동적으로 참여할 수 있도록 하였다. 또한 규칙을 정확하게 제시하여 형평성을 유지하고 과열된 분위기가 조성되지 않도록 하였다.

활동은 주로 앉아서 하는 활동과 서서 움직이며 하는 활동이 병행되었다. 서서 움직이며 하는 활동을 할 경우에는 지도자 및 기관 요원이 늘 클라이언트 곁에 있거나 클라이언트를 부축하여 낙상 등 발생할 수 있는 안전사고에 대비하였다.

즐겁고 자유로운 분위기를 조성

하였다. 성원들의 참여와 작은 성과에도 칭찬을 비롯한 긍정적 지원을 하여 성원들이 참여에 따른 성취감과 만족감을 강화할 수 있도록 하였다.

회기를 마무리할 때에는 회기 목표 및 활동에 대한 평가를 통해 회기 활동을 재인식할 수 있도록 하였다.

▌표 22-3▌ 회기분석지

회기분석지
(Session Analysis)

회 기: 45
작 성 일: 20XX. XX. XX. (X요일)
실 행 일: 20XX. XX. XX. (X요일)
작 성 자: 정준구 (인)

【주제: 소근육 & 대근육】

- 활동명(시간): 인사하기(5분)
- 준비물: 참석자 명찰

활 동 개 입 과 정

참여자: 참여자 중 반장은 다른 참여자와 함께 지도자에게 인사를 한다. 만일 반장이 인사를 하는 것을 어려워할 경우에는 지도자가 반장 그리고 참여자와 함께 인사를 한다. 참여자들은 반장 또는 지도자의 인사 구호와 함께 서로 인사를 한다.

지도자: 한 주일 동안 각 참여자가 경험했던 즐거운 일에 대해 이야기를 나눈다.
안녕하세요. 한 주일 동안 즐거우셨습니까? 요즘 날씨가 춥습니다. 이곳은 따뜻한데, 밖은 조금 춥습니다. 어떻게 지내셨는지요?

참석자: 각자 한 주일 동안 있었던 즐거운 경험에 대해 이야기한다.

지도자: 참여자의 이야기에 감사함을 전하면서 회기활동에 대한 소개를 한다.
이야기를 해주셔서 감사합니다. 오늘도 상대방에게 공을 잘 주는 활동을 할 것입니다. 그래서 오늘도 힘 조절을 잘 해야 합니다. 그래야 상대방도 어머님들에게 공을 잘 줄 것입니다. 그럼 시작하겠습니다.

참석자: 모두 "예!"라고 대답을 한다.

- 활동명(시간): 스트레칭(15분)
- 준비물: 없음.

활 동 개 입 과 정

지도자: 참여자에게 스트레칭을 설명하고 시범을 보인다.

먼저 스트레칭을 하도록 하겠습니다. 모두 의자에 엉덩이를 붙이세요. 그리고 허리를 세우고 어깨를 폅니다. 이제 시작하겠습니다.

지도자: '목', '손목', '팔', '어깨', '허리', 스트레칭 시범을 보이면서 스트레칭 활동을 한다.

참여자: 지도자의 지시에 따라 스트레칭 활동을 실시한다.

지도자: 참여자에게 '무릎 감싸 안고 당기기', '발목 돌리기' 활동을 실시한다.

참여자: 지도자의 지시에 따라 활동을 실시한다.

지도자: 참여자에게 '걷기' 활동을 설명하고 시범을 보이면서 실시한다.

참여자: 지도자의 지시에 따라 활동을 연습한다.

지도자: 참여자가 어느 정도 연습을 하면 노래에 맞춰 활동을 실시한다. 모두 의자에서 일어나 걷기활동을 할 수 있도록 유도한다. 지도자는 밝게 웃으면서 함께 걷기활동을 한다.

참여자: 지도자의 지시에 따르면서 지도자와 함께 활동을 실시한다.

지도자: 참여자의 참여에 대해 박수와 함께 긍정적 지지를 한다.

- 활동명(시간): 풍선 주고받기(30분)
- EO: 대근육 근력이 강화될 수 있다.
- 준비물: 배드민턴 채(인원 수), 풍선(인원 수), 줄자(1개), 기록지(1개), 펜(1개).

활 동 개 입 과 정

지도자: '풍선주고받기' 활동을 하기 전에 배드민턴 채를 잡는 방법을 알려주고 손목을 푸는 활동을 실시한다.

1. 보조진행자는 각 참여자에게 배드민턴 채를 준다.
2. 지도자는 배드민턴 채를 옆으로 세운 뒤 그립(손잡이)을 잡는다.
3. 지도자는 그립을 잡을 때, 엄지는 그립 상단을 잡고 나머지 손가락은 그립 본체를 잡는다.
4. '3'의 상태에서 팔을 어깨 위치만큼 들어올린다.
5. '4'의 상태에서 팔을 45° 정도 앞으로 내민다.
6. '4'와 '5'의 동작을 10회 반복한다.

참여자: 지도자의 지도와 보조진행자의 도움을 받으면서 활동을 수행한다.

지도자: 어느 정도 연습이 되었으면 '풍선 주고받기' 방법을 설명한다.
이제 오늘의 활동을 하겠습니다. 이번 활동은 풍선을 배드민턴 채로 쳐서 상대방에게 잘 보내는 활동입니다. 다시 한 번 말씀드리지만, 이 활동은 세게 치는 것보다는 상대방에게 잘 보내 주는 것이 필요합니다. 그래야 상대방도 공을 잘 보내주게 됩니다. 제가 먼저 시범을 보여 드리겠습니다.

지도자 & 보조진행자: '풍선 주고받기' 방법을 시범 보인다.

1. 지도자는 공간 중앙에 네트를 세운다.
2. 지도자와 보조진행자는 네트를 사이에 두고 배드민턴 채를 쥔 채 서로 마주보며 앉는다.
3. 지도자는 풍선을 잡는다.
4. 지도자는 배드민턴 채로 풍선을 쳐서 보조진행자에게 보낸다.
5. 보조진행자는 날아온 풍선을 다시 잘 쳐 지도자에게 보낸다.
6. '3'과 '4'의 행동을 4~5회 반복한다.

지도자 & 보조진행자: 지도자는 본격적인 활동을 하기에 앞서, 활동을 충분히 즐길 수 있도록 공간을 확보한다. 그리고 짝을 지어 준다. 짝을 구성할 때에는 44회기에서 구성되었던 조를 참고하여 참여자 상호 반목이나 갈등이 일어나지 않도록 구성한다.

지도자: 참여자에게 한 차례 정도 연습을 실시한 뒤 활동을 실시한다.

1. 활동을 실시하기 전 지도자는 다음과 같은 주의 사항을 제시한다.
   - 오늘 우리가 하는 목적은 풍선을 잘 보내 주는 데 있다. 따라서 상대방에게 잘 보내주어야 한다.
   - 설사 잘 되지 않는다고 짜증을 내거나 화를 내지 않는다.
   - 15회 이상 풍선을 주고받아야 함을 알려준다.
2. 5분 정도 연습을 한다.
3. 연습을 마친 뒤 파이팅을 한다.
4. 시범 내용과 동일한 방식으로 지도자와 각 참여자는 활동을 실시한다.
5. 거동이 불편한 참여자에게는 의자에 앉아서 하도록 한다.

참여자: 지도자의 지도를 받으면서 활동을 실시한다.

보조진행자: 각 참여자의 활동에 대해 기록한다.

1. 풍선을 떨어뜨리지 않고 12회 이상 풍선을 주고받았을 경우에는 3점을 기록한다.
2. 풍선을 떨어뜨리지 않고 10회~11회 풍선을 주고받았을 경우에는 2점을 기록한다.
3. 풍선을 떨어뜨리지 않고 9회 이하 풍선을 주고받았을 경우에는 1점을 기록한다.
4. 참여 자체를 거부하거나 중도에 포기하면, 0점을 기록한다.

지도자: 참여자에게 박수와 칭찬을 한다.

■ 활동명(시간): 정리(10분)

활 동 개 입 과 정
지도자: 오늘 활동한 것에 대해 서로 이야기한다. 오늘은 풍선을 서로 주고받는 활동을 했는데 어떠셨어요? 풍선을 보내 주는 것이 잘 되나요? 또 서로 잘 주고받을 수 있나요? 참여자: 각자 활동에 대한 소감을 이야기한다.

보조진행자: 각 참여자의 활동 소감을 기록한다.

지도자: 오늘 활동한 것에 대해 서로 이야기한다.

감사합니다. 오늘 모두 즐겁게 참여해 주셔서 감사합니다. 다음번에도 어머님들의 즐거운 모습을 기대하겠습니다. 그럼 오늘 활동을 마치겠습니다. 화장실을 다녀오실 분은 화장실을 다녀오세요. 나머지 분은 편하게 다음 시간을 준비하시기 바랍니다. 그럼 함께 인사를 하면서 오늘 활동을 마치겠습니다. 반장님! 인사하겠습니다.

참여자: 반장은 다른 참여자와 함께 인사를 한다. 다른 참여자는 반장의 인사 구호와 함께 지도자에게 활동을 마치는 감사의 인사를 한다.

지도자: 참여자의 인사에 화답을 화면서 오늘 활동을 마친다.

APTER 23

시각중복장애아동을 위한 치료레크리에이션

1. 시각중복장애아동의 여가에 대한 이해

1) 시각중복장애아동에 대한 이해

중도·중복장애아동(severe and multiple disabilities)에 대한 정의는 현재까지 명확하게 합의되지 않은 것으로 보인다. 그럼에도 불구하고 발견되는 공통점은 장애 정도가 심하고 형태는 2가지 이상 중복된 경우로 보는 수량적 유형화에 따른 정의이다. 이효자 외(2001)는 중도·중복장애아동을 "장애 정도가 무겁고 또한 두 가지 혹은 그 이상 중복되어 있는 경우"(이효자 외, 2001: 361)라고 하였으며, 최중옥 외(2004) 또한 "장애 정도가 심하거나 두 가지 이상 중복된 경우, IQ와 적응행동에 현저한 결함이 있어 학습에 확장적, 지속적 지원을 필요로 하는 사람"(최중옥 외, 2004: 344)으로 정의한다. 그러나 이숙정(2011)은 이러한 형식적·수량적 유형화에 따른 개념을 세우는 것에 반대하며, "전체 인성발달에서의 지속적이고, 심각한 정도의 장애 특히 정신적 발달을 포함하는 차원의 중복장애"(이숙정, 2011: 102)로 정의를 한다.

시각중복장애아동은 시각이 주 장애이면서 이차적으로 다른 장애를 가진 중복장애아동을 말한다. 여기에는 ① 시각과 청각장애 ② 시각, 청각 및 운동장애 ③ 시각, 청각 및 정신지체 ④ 시각과 운동장애 ⑤ 시각, 운동장애 및 정신지체 ⑥ 시각과 정신지체 ⑦ 시각과 정서장애 ⑧ 시각과 학습장애 등이 있다.

(1) 시각과 청각장애

시각과 청각장애는 시각과 청각장애를 겸한 아동으로 맹농아라고 한다. 이들은 시각과 청각의 결여로 외부 환경과 의미 있는 교류를 할 수 있는 기회가 상실된다. 이러한 상실로 인해 주위 세계에 대해 왜곡된 지각을 하게 되고 자신의 행위 결과나 미래의 사건을 예측하는 능력이 부족하게 된다. 따라서 이러한 결손 감각을 보상할 수 있는 특별 프로그램이 이들에게 필요하다.

(2) 시각과 정신지체

정신지체는 적응 행동에 결함을 수반하는 동시에 지적 기능이 평균 이하로 낮은 것을 말한다. 미숙아, 감염성 질환 등 정신지체의 원인은 시각장애의 원인도 되며, 이러한 원인으로 시각장애 유아는 정신지체를 겸할 수 있다. 또한 정신지체 아동은 선천성 망막 질환과 선천성 및 양측성 무안구증과 같은 안질환의 빈번한 발생으로 인해 정신지체 아동이 시각장애를 유발하게 되어 시각중복장애아동이 되기도 한다.

(3) 시각과 운동장애

시각장애 아동의 출현율은 지체부자유 및 병허약 아동 가운데에서도 높은 경향을 보인다. 홉킨스 등에 의하면, 뇌성마비아 1,297명 중 시각에 결함이나 문제를 지닌 아동이 27.6%, 뇌성마비아의 50% 이상이 안구 운동장애가 있으며, 25% 이상이 정상 이하의 시력을 가지고 있다. 그러나 이러한 아동이 시각장애로 판별되지 않고 적합한 교정을 받지 않으면 시각장애 뇌성마비 아동은 적합한 교육을 받을 수 없다. 지체장애 아동과 허약 아동은 정규적으로 시기능 평가를 받아 정확하게 판별되어야 한다(임안수 외, 1996: 15-17).

2) 시각중복장애아동의 여가에 대한 이해

중도 · 중복장애아동의 여가활동에 대한 연구는 매우 미흡한 실정이어서 정보가 충분하지 못하다. 우선 이들은 가족과의 대화, 친구와의 교재, 집단활동 보다 개인적으로 혼자 활동하는 시간이 많고, 동적인 활동보다는 비디오, 전자오락, TV 시청 등 정적인 활동을 불균형적인 시간으로 보내는 경향이 있다. 이들에게 적절한 여가활동은 자아개념을 높여주고, 긍정적인 태도를 키워준다. 또한, 스스로 선택하는 자세를 가르치고, 지역사회의 생활과 학교에서 배운 기술을 적용해 보는 좋은 기회를 만들어주게 된다. 이와 함께 연령 수준에 따라 적절한 여가활동이 제공되어야 한다(최중옥 외, 2004: 369).

오스틴과 크로포드(Austine & Crawford, 2001)는 중도 · 중복장애아동의 여가와 관련된 문제와 욕구를 다음과 같이 제시하고 있다.

- 여가 기술 목록: 중도·중복장애아동은 사물 및 사람과 보편적으로 상호작용할 수 있는 여가기술이 부족하다. 특히 구체적인 기술 부족, 제한된 도구 및 재료, 환경 제약 등은 이들의 여가 기술을 확대하는 데 장애 요인이 된다.
- 선택 및 자기 주도 행동: 선택 기회는 중중장애인의 삶의 질을 향상시키는 데 매우 중요하다.
- 사회 기술 및 다른 여가 관련 지원 기술

- 여가 기술 유지 및 일반화
- 지역사회 참여와 사회적 상호작용
- 시각중복장애아동에게 여가활동은 전인적 발달에 중요한 영향을 미친다.

① 인지 발달을 돕는다.

- 각각의 놀이를 통하여 그 특성을 안다
- 지적 호기심과 함께 주의 집중력을 기른다.
- 사물의 크기, 형태, 순서, 수 개념의 발달을 돕는다.

② 신체 발달을 돕는다.

- 눈과 손의 협응력을 기른다.
- 대·소 근육의 발달을 돕는다.
- 다양한 감각적 경험을 갖게 해 준다.

③ 언어 발달을 돕는다.

- 놀이와 관계되는 어휘를 배우게 된다.
- 놀이하는 과정에서 자신의 생각과 느낌을 표현한다.
- 놀이 중 서로 대화의 기회를 통하여 의사소통 능력을 기른다.

④ 정서 발달을 돕는다.

- 성취감과 자신감을 기른다.
- 욕구 불만의 감정을 해소시키는 기회를 제공해 준다.
- 긴장을 해소시켜 주고 마음의 안정감을 느끼게 한다.

⑤ 사회성 발달을 돕는다.

- 서로의 협동심을 기른다.
- 다른 친구의 권리와 의견을 존중한다.
- 친구와 사귈 수 있는 기회를 제공한다.

⑥ 가치 있는 교육 자료로서 기능을 한다.

- 주위에서 손쉽게 할 수 있다.
- 건강과 안전에 대해 이해할 수 있다.
- 특별한 기술을 필요로 하지 않고 다양한 변화를 일으킬 수 있다(임안수 외, 1996: 603-605).

2. 시각중복장애아동을 위한 치료레크리에이션 전략

오스틴과 크로포드(2001)는 중도 · 중복장애아동을 위한 치료레크리에이션 개입은 이들이 보다 여가 목록을 확장할 수 있는 적절하면서도 기능적 여가 기술을 학습할 수 있는 기회를 제공하고 더욱 독립적이 되도록 지원해야 한다고 하였다. 치료레크리에이션 전문가는 생애 여가 기술을 습득하고, 유지하며 일반화할 수 있는 체계적인 구조를 실행하면서 개별화된 욕구와 선호하는 여가활동에 참여할 수 있는 것을 고려해야 한다. 치료레크리에이션 목표는 사회통합과 지역사회 여가활동에 참여하고 있는 집단 속에 중복중증장애아동이 구성원이 될 수 있는 환경적 개입 또한 필요하다. 이를 구체적으로 제시하면 다음과 같다(Austine & Crawford, 2001: 157-189).

- 여가활동 탐색 증가와 환경 조정
- 생애 여가 기술 범위 증가
- 독립된 여가 행동 증가
- 사회화와 협력 기술 증가
- 협동과 지원 기술 증가
- 자기 개념과 자기 존중감 증가
- 습득한 기술 형성 기회 증가
- 사회 통합 증가

임안수 외(1996)는 시각중복장애의 여가는 아동의 모든 발달영역에 있어서 기본적인 기능을 통합하고 강화하기 위해 즐거운 방법으로 제공하는 것이 중요한 구성요소가 된다(임안수 외, 1996: 603)고 하였다.

[사례][7)]

1. 치료레크리에이션 사정

사정(assessment)은 C시 ○○맹학교를 이용하고 있는 중복 · 중증장애아동 ○○명을 대상으로 하였다. 클라이언트 특성을 고려하여 사정은 해당 기관 담당자와의 면담을 통해 클라이언트의 기능과 여가를 확인하였다. 또한 기관의 설립목적과 주요사업, 지역사회 특성 및 활용 가능한 자원(장소, 도구, 예산), 치료레크리에이션 전문가 여부 등 환경적 요인을 확인하였다.

7) 본 프로그램은 한국디지털치료레크리에이션협회 천안지회 내부자료 [박지선(2008)의 시각중복장애아동을 위한 치료레크리에이션 프로그램] 일부 내용을 발췌하여 정리한 것임.

사정 결과는 다음과 같다.

클라이언트는 일차적으로 시각장애로 대부분 점맹이다. 이와 함께 지적장애, 발달장애, 뇌병변 장애를 갖고 있다. 이로 인해 눈을 수시로 누르거나 고개를 갸웃거리기, 괴상한 소리 내기, 자리에서 일어나 돌아다니기 등 상동행동을 보이고 있다. 일부 구성원은 자신의 뺨을 때리거나 손목을 무는 등 자해 행동을 보이기도 한다.

○○맹학교는 C시 ○○구에 위치하고 있다. 초등학교, 여자상업고등학교가 인근에 있다.

○○맹학교는 시각장애 전담 학교로서 유치원, 초등학교, 중학교, 고등학교 교과과정이 운영되고 있다. 교사에 의해 대부분의 학업이 이루어지고 있으며 학교 옆 건물에는 생활시설이 함께 위치하고 있다. 학생 중 가정과 분리되어 있는 학생들은 생활시설에서 거주하고 있다.

2. 치료레크리에이션 기획

기획(planning)은 시각중복장애아동의 기초 기능 중 신체 감각 능력 특히 근력과 균형 감각을 증진시키는데 초점을 두었다. 이는 기관과 전문가 간의 협의에 의해 이루어진 것이다. 따라서 주요 서비스 영역은 기능적 개입으로 설정하였다.

균형 감각과 근력을 강화하는데 목표를 설정하고 이를 실현할 수 있는 신체 활동들이 구성되었다. 또한 신체 활동은 개인외적, 개인간, 집합적, 일방적, 집단, 집단 간 상호작용 유형을 반영한 활동을 배정하여 성원 간 다양한 상호작용을 경험할 수 있도록 하였다.

구체적 프로그램 계획 및 활동 내용은 다음 〈표 23-1〉, 〈표 23-2〉를 참고하기 바란다.

▌표 23-1▐ 구체적 프로그램 계획서

<table>
<tr><td>프로그램 명</td><td colspan="3">신체 감각 증진 프로그램</td></tr>
<tr><td>프로그램 목적</td><td colspan="3">신체기능을 향상시키기 위해 균형감각과 근력을 증진시키고자 한다.</td></tr>
<tr><td colspan="4">최 종 프 로 그 램 목 표</td></tr>
<tr><td colspan="4">1. 기초적인 운동 능력이 증진 될 수 있다.</td></tr>
<tr><td>실행 가능 목표</td><td colspan="2">성 과 측 정</td><td>측 정 내 용</td></tr>
<tr><td rowspan="3">1-1. 균형 감각이 증진될 수 있다.</td><td colspan="2" rowspan="3">1-1. 제시된 균형 감각 활동 기준이 최소한 70% 이상을 수행할 수 있다.</td><td>30% 이하 수행: 1점</td></tr>
<tr><td>50% 수행: 2점</td></tr>
<tr><td>70% 이상 수행: 3점</td></tr>
<tr><td rowspan="3">1-2. 근력이 증진될 수 있다.</td><td colspan="2" rowspan="3">1-2. 제시된 근력 활동 기준이 최소한 70% 이상을 수행 할 수 있다.</td><td>30% 이하 수행: 1점</td></tr>
<tr><td>50% 수행: 2점</td></tr>
<tr><td>70% 이상 수행: 3점</td></tr>
</table>

▌표 23-2▐ 회기별 주제 및 세부 활동(Program Content)

회기	날 짜	주 제	성과 측정 번호	활 동 명
1	○.○○	즐겁게!	1-1 1-2	스쿠터 보드 장대걷기
2	○.○○	다함께!	1-1 1-2	스쿠터 보드 장대걷기
3	○.○○	활기찬 하루!	1-1 1-2	스쿠터 보드 장대 걷기
4	○.○○	해피 타임!	1-1 1-2	스쿠터 보드 장대 걷기
5	○.○○	우리끼리!	1-1 1-2	스쿠터 보드 감각복합균형대
~				
77	○.○○	친구랑 함께	1-2	스키
78	○.○○	너와 나	1-2	스키
79	○.○○	나와라!	1-1	평균 대
80	○.○○	너와 나의 즐거운 하루	1-2	스키
81	○.○○	항상 나는	1-2	업그레이드 징검다리
82	○.○○	오늘도 화이팅!	1-1	나무 후프

3. 치료레크리에이션 실행

치료레크리에이션 프로그램을 운영하기 위해 개입 형태는 소집단으로 구성하였으며, 회기는 장기 개입 방식으로 하였다. 이에 따라 매주 2회 45분씩 총 82회기가 운영되었다.

매 회기 운영은 도입, 본, 마무리 단계로 구성하였다.

도입 단계에서 스트레칭 활동을 통해 근육을 이완하고 본 활동을 준비할 수 있도록 지원하였다.

목표 성취를 위해 본 활동은 클라이언트가 할 수 있도록 적절하게 조정된 신체 활동을 중심으로 실시되었다. 촉진 기법은 '칭찬 기법과 촉구 기법(신체 촉구)'을 활용하였다. 매 활동 이전 지도자는 활동 도구를 클라이언트가 직접 만지도록 하여 도구를 인식하도록 하였다. 일부 클라이언트의 경우 자신이 갖고 있는 감각 외 낯선 감각을 접한 경우 소리를 지르면서 활동 수행을 거부하거나 심한 경우 자해하는 경우가 발생하기도 한 점을 고려하였다. 활동 방법을 클라이언트가 익힐 수 있도록 하기 위해 지도자는 클라이언트의 손을 잡고 클라이언트와 함께 반복 연습을 하였다. 또한 활동 수행을 잘 할 때마다 칭찬을 하여 긍정적 강화를 하였다.

▌표 23-3▐ 회기분석지

회기분석지
(Session Analysis)

회　　기: 22회기
작 성 일: 20○○. ○○. ○○. (○요일)
실 행 일: 20○○. ○○. ○○. (○요일)
작 성 자: 박 지 선 (인)

【주제: 활력 타운】

- 활동명(시간): Sing-Along, 스트레칭(15분)
- 준비물: 동요(CD), CD Player, 명찰

활 동 개 입 과 정
- 원을 그린 후 어깨동무를 한 후 기차놀이를 한다. - 어깨동무를 한 상태에서 오른쪽→ 왼쪽으로 기울이면서 세 바퀴 돈다. - 원을 그린 후 머리→다리, 몸통→팔다리 순으로 스트레칭을 한다. - TR 스태프와 참여자는 둘이 마주 앉아 스트레칭을 한다. - 스트레칭 후 팀을 나누어 앉게 한다.

- 활동명(시간): 로프(30분)
- 실행가능목표: 균형감각이 증진될 수 있다.
- 준비물: 로프

활 동 개 입 과 정
- 지도자는 참여자에게 활동에 대해 설명한 후 한 명씩 지도한다. 1단계: 로프를 손으로 만져 본다. 2단계: 로프를 짧게 만들어서 그 위로 올라가 걷는다. 3단계: 로프 위에 올라가서 오른발, 왼발을 번갈아 움직이며 목표 지점까지 간다. 4단계: 로프를 길게 만들어서 그 위로 올라가 걷는다. 5단계: 로프 위에 올라가서 오른발, 왼발을 번갈아 움직이며 목표 지점까지 간다. 6단계: 2회 반복 한다. - 활동 시: 활동 하나가 끝날 때마다 지도자와 스태프는 박수를 친다. - 보조 진행자는 참여자들의 활동에 대해 기록한다. 1. 로프 위에 올라가서 오른발, 왼발을 다 사용하여 움직이면 3점을 기록한다. 2. 로프 위에 올라가서 오른발, 왼발 중 하나라도 움직이면 2점을 기록한다. 3. 로프 위에 올라가서 활동을 거부하지 않고 참여하면 1점을 기록한다.

■ 활동명(시간): 짐 볼(20분)
■ 실행가능목표: 근력이 증진될 수 있다.

활 동 개 입 과 정
-지도자는 참여자에게 활동에 대해 설명한 후 한 명씩 지도한다. 1단계: 짐 볼을 들어서 위아래로 든다. 2단계: 짐 볼을 들어서 오른쪽, 왼쪽 옆으로 움직인다. 3단계: 짐 볼을 들어서 위로 던진다. 4단계: 누워서 짐 볼을 다리 사이에 끼여서 들고 위아래로 움직인다. - 보조 진행자는 참여자들의 활동에 대해 기록한다. 1. 짐 볼을 들어서 위아래로 던지며 양손으로 잘 받으면 3점을 기록한다. 2. 짐 볼을 들어서 위아래로 던지며 한 손으로 받으면 2점을 기록한다. 3. 짐 볼을 들어서 하는 활동에 거부 하지 않고 참여하면 1점을 기록한다.

■ 활동명(시간): 다음에 또 만나요!(10분)
■ 준비물: 없음.

활 동 개 입 과 정
- 지도자는 참여자에게 활동에 대한 소감을 묻는다. - 원을 만들어 다 함께 손을 잡고 '파이팅'하여 끝마친다. - 선생님들이 마주 보고 서서 돌아가면서 안아 준다.

CHAPTER 24

시각장애인을 위한 치료레크리에이션

1. 시각장애인의 여가에 대한 이해

1) 시각장애인에 대한 이해

우리나라 시각장애인은 약 259,986명(2011년 12월 기준)으로 전체 장애인 추정인원수의 9.69%에 해당한다. 이 중 후천적 원인에 의한 발생율은 90.8%로서 후천적 장애 발생율이 선천적 장애보다 높은 것으로 나타났다(보건복지부, 2011). 이것은 어느 누구나 시각장애인이 될 가능성이 있음을 배제할 수 없는 것으로 시각장애에 대한 관심과 접근이 필요하다는 것을 의미한다.

우리나라에서 시각장애를 판정할 때에는 시력과 시야라는 두 가지 시기능(visual function) 요소를 기준으로 하며, 안과 전문의에 의해 판정된다. 장애인복지법에 의하면 시각장애 사정 기준은 다음과 같다.

▌표 24-1▐ 시각장애 사정 기준

시각장애 사정 기준(장애인복지법 시행령 제2조)
가. 나쁜 눈의 시력이 0.02 이하인 사람
나. 좋은 눈의 시력이 0.2 이하인 사람
다. 두 눈의 시야가 각각 주시점에서 10도 이하로 남은 사람
라. 두 눈의 시야 2분의 1 이상을 잃은 사람
※ 여기서 시력은 만국식시력표에 따라 측정된 교정시력을 말한다.

시각장애를 보다 이해하기 위해서는 시각적 요소에 대한 이해가 필요하다.

(1) 시력

시력(visual acuity)은 물체의 존재와 형태를 인식하는 능력이다. 대체로 시력은 눈에 비치는 물체의 상 크기에 따라 결정된다. 망막에 맺힌 상의 크기는 물체의 크기만으로 결정되지 않고 눈과 물체 사이의 거리에 의해 달라지기 때문에, 시력을 측정할 때에는 망막상의 크기를 결정하기 위한 단위인 시각을 활용하여 측정한다. 시각이란 주시하고 있는 물체의 두 점에서 반사되어 오는 두 개의 직선이 안구와 만날 때 이루는 각도이다. 정상 눈이 식별할 수 있는 두 점의 최소 시각은 각도의 단위인 1도의 1/60, 즉 1분이다.

(2) 시야

시야(visual fields)는 한 개인이 정면을 볼 때 보이는 모든 방향의 공간 범위 전체를 말한다. 시야는 손가락, 연필, 검안경의 전등, 시표 등을 주변에서 중심으로 점차 이동시켜 보이는 범위를 알아봄으로써 측정한다. 두 눈 모두의 시야가 정상일 경우, 두 눈은 수평적으로 약 190도의 시야를 함께 볼 수 있으며, 한 쪽 눈은 다른 쪽 눈과 약 60도의 시야를 공유하지만 다른 쪽 눈의 시야에서 약 35도는 볼 수 없다. 시야결손이 일어나면, 일상생활에 큰 어려움을 초래한다. 시야결손은 중심 시야결손과 주변 시야결손으로 구성한다. 중심 시야결손은 글자, 사람, 얼굴 등 복잡하고 세부적인 표적을 보는 데 가장 큰 어려움을 초래하며, 주변 시야결손은 보행과 운전에 가장 큰 영향을 준다. 예를 들면, 망막색소변성으로 인해 주변 시야의 결손이 있는 시각장애인은 보행 도중에 시야 협착으로 인해 충돌할 가능성이 많다.

(3) 대비감도

대비감도(contrast)는 한 개인이 상이한 수준의 대비를 발견하는 능력을 말한다. 대비감도가 높은 사람일수록 낮은 수준의 대비를 감지할 수 있다. 반면, 대비감도를 상실할 경우 모든 사물이 안개 낀 것처럼 흐리게 보인다. 이럴 경우, 이동할 때 계단의 위치를 발견하기가 어렵고, 상태가 불량한 인쇄물 읽는 것이 특히 곤란해진다.

(4) 광감도

광감도(light sensitivity)는 빛에 대한 민감도를 말한다. 일반적으로 망막이나 시신경관련 질환이 있는 사람은 광범위한 조명수준에 적응하는 것이 특히 힘들다. 빛이 한 쪽에서 또는 위 혹은 아래로부터 퍼져나갈 때 환경 조명으로 인한 눈부심이 큰 문제이다.

(5) 색각

색각이란 우리가 볼 수 있는 빛 즉 가시광선 중 파장의 차이에 따른 물체의 색을 구별하여 인식하는 능력을 말한다(김영일, 2011: 74-81).

시각장애가 발생하는 원인은 망막색소변성, 녹내장, 백내장, 당뇨 망막병증, 황

반변성, 망막박리, 미숙아망막증, 안구진탕, 시신경위축, 피지시각장애 등 다양하다(김영일, 2011: 82-90).

2) 시각장애인의 여가에 대한 이해

시각장애는 시각 문제로 인해 일상생활, 직업, 여가 등 다양한 활동 영역에서 많은 어려움을 갖는다. 이러한 어려움은 개인의 자존감을 낮게 하고 사회 참여를 제한하는 역할을 하기도 한다.

시각장애인의 주된 여가활동을 살펴보면, TV 시청 및 라디오 청취가 가장 많은 것으로 나타났으며, 이 외에도 독서, 가사일 등이 포함되지만 그 비율은 매우 낮다(윤덕중, 2003; 장삼식, 2005). 대체로 시각장애인들은 이들 여가활동을 주로 혼자 하는 경우가 많고 여가장소는 가정에서 주로 앉아서 이루어지는 경우가 높게 나타났다. 이와 같이 시각장애인이 주로 혼자서 정적 여가활동에 참여하는 경우가 높은 이유는 가정이라는 구조상의 익숙함과 이동상의 제약 때문인 것으로 볼 수 있다.(윤덕중, 2003).

한 지역 단체에서 조사한 연구에 의하면, 시각장애인이 스포츠나 레저활동에 참여하지 않는 경우가 52.5%로 나타나 절반 이상이 여가활동에 참여하지 못하는 것으로 나타났다. 그 이유는 '이동이 불편해서(21.9%)', '스포츠나 레저 활동을 지도하거나 도와줄 사람이 없는 경우(18.0%)', '관심이 없어서(15.1%)', '경제적 여유가 없어서(14.0%)' 순으로 나타나 이동의 어려움, 지도자나 함께 할 인적 자원 부족을 주요 요인으로 꼽았다(장삼식, 2005).

또한 여가교육을 받은 경우는 '절반 이상이 없는 것'으로 나타났으며, '충분한 여가시설 및 프로그램도 부족'과 '접근의 매우 불편함' 등 열악한 여가환경(윤덕중, 2003)이 시각장애인의 여가활동의 다양성을 방해하는 장애 요인으로 나타났다.

이는 시각장애인의 여가활동은 시각장애인 자체보다는 다양한 환경적 요인에 의해 특징지어지는 것으로, 이들의 여가 욕구를 해결하기 위해서는 여가 환경의 변화가 필요하다는 것을 의미한다.

1999년 장애인복지법 개정에 따라 장애인의 문화 활동 참여권이 법률적으로 보장되고 이에 따라 국가와 지방자치단체는 장애인의 문화생활과 체육활동 증진을 위한 관련 시설 및 설비, 기타 환경을 정비하고 문화생활, 체육활동 등을 지원 노력이 나타나고 있으나(이성규, 2011: 233) 시각장애인의 여가활동 강화를 위한 노력이 더욱 필요하다는 것을 알 수 있다.

이 중 시각장애인의 여가교육은 보다 능동적인 여가활동 참여에 매우 중요한 영향 요인으로 나타났다. 인구사회학적 특성, 장애 특성, 비공식적 관계, 개인적 여가 여건, 환경적 여가 여건을 모두 투입하였을 경우 여가교육과 이웃관계의 친밀성이 높은 영향력을 보였다(윤덕중, 2003). 이는 시각장애인의 여가활동에 이웃과의 관계가 좋고 여가교육을 받을 경우 긍정적 참여가 가능하다는 것을 의미한다. 이는 시각장애인을 대상으로 치료레크리에이션 프로그램을 실시한 연구에서 여가교육을 포함한 치료레크리에이션 프로그램이 시각장애인의 우울과 삶의 만족도 변화에 긍정적 영향력을 미쳤다는 연구 결과(이숙자 외, 2009)에서도 살펴볼 수 있다.

2. 시각장애인을 위한 치료레크리에이션 전략

시각장애인의 여가와 관련된 연구를 통해서 시각장애인의 여가 욕구를 충족시키기 위해서는 시각장애 자체보다는 환경 요인이 매우 중요한 요인이라는 것을 이해할 수 있었다. 따라서 시각장애인을 위한 치료레크리에이션은 여가의 중요성을 인식시키고, 자신이 거주하고 있는 지역사회에서 자신에게 적합한 여가활동을 타인과 상호작용하면서 다양하게 참여할 수 있는 지식과 기술, 그리고 정보를 수집하고 활용할 수 있는 여가교육이 적절할 것이다.

[사례][8)]

1. 치료레크리에이션 사정

사정(assessment)은 S시 ○○시각장애인복지관을 이용하고 있는 중도 시각장애인 ○○명을 대상으로 하였다. 일차 초점은 클라이언트가 어떤 여가 욕구를 갖고 있는지를 이해하기 위해 여가만족 영역을 중심으로 하였다. 클라이언트의 인구통계학적 정보, 시각장애 관련 특성, 여가 만족 영역을 주요 내용으로 하였다. 이를 위해 사정도구는 버드와 라헵(Beard & Raheb)의 여가만족도 척도를 선택하였고 사정 방법은 자기 기입식 설문응답 방식을 적용하였다.

치료레크리에이션 프로그램과 관련된 환경 요인을 확인하기 위해 클라이언트가 이용하고 있는 시각장애인복지관의 설립목적과 주요사업, 그리고 지역사회 특성 및 활용가능한 자원(장소, 도구, 예산), 치료레크리에이션 전문가 여부를 확인하였다. 기관 직원과 면담 그리고 선행자료 검토를 통해 관련 정보를 확인하였다.

사정 결과는 다음과 같다.

클라이언트의 여가만족도는 교육적 만족도와 심미적 만족도 평균 점수가 가장 낮게 나타났다. 이는 클라이언트가 현재 참여하고 있는 여가 공간이 쾌적하지 못하고, 여가 활동을 통해 지식을 익히지 못하고 있으며 이에 대한 만족감이 낮다는 것을 의미한다. 이는 여가교육을 통해 여가 참여에 필요한 지식과 환경의 변화가 필

---

8) 본 내용은 정준구의 시각장애인을 위한 치료레크리에이션 프로그램 내용을 정리한 것임.

요하다는 것을 의미한다.

▌표 24-2▌ 여가만족도 평균 점수

항목	심리적	교육적	사회적	이완적	신체적	심미적
평균	3.88	3.71	3.83	4.00	3.79	3.50

○○시각장애인복지관이 위치한 지역사회는 과거 시각장애인이 운영하는 역술원이 많이 분포되었던 지역이었으며, 이는 시각장애인복지관 설립과도 밀접한 관련성을 갖고 있었다. 전체적으로 건물 구조는 시각장애인이 이용할 수 있도록 설치되어 있었으며, 프로그램은 주역 강좌를 비롯한 다양한 프로그램이 운영되어 있었다. 본 프로그램에 참여하는 시각장애인 일부 성원도 복지관의 주역 프로그램에 참여하고 있었다. 치료레크리에이션 프로그램 장소는 책상과 의자가 있는 강의실에서 이루어졌다. 치료레크리에이션 전문가는 기관에 배치되어 있지 않았지만, 부장을 비롯한 담당 업무 요원들은 치료레크리에이션 프로그램에 관심이 많았고 원활한 운영이 될 수 있도록 적극 협조하였다.

3. 치료레크리에이션 기획

기획(Planning)은 시각장애인이 지역사회에서 자신에게 적합한 여가활동과 활용 가능한 자원을 탐색하여 여가활동 참여에서 발생할 수 있는 문제를 해결하는데 초점을 두었다. 주요 서비스 영역은 여가교육 프로그램으로 설정하였다.

목표는 여가문제를 해결할 수 있는 능력을 향상시키기 위해 자신에게 적합한 여가활동을 찾고 여가활동 참여에 필요한 자원을 발견하도록 하였다. 이를 위해 강의, paper-work, 토론, 퀴즈 활동이 구성되었고, 상호작용 유형으로는 집합적, 일방적, 집단 간 상호작용 유형이 반영되었다.

구체적 프로그램 계획 및 활동 내용은 다음 〈표 24-3〉, 〈표 24-4〉를 참고하기 바란다.

▮표 24-3▮ 구체적 프로그램 계획

프로그램명	여가문제 해결 능력 향상	
프로그램 목적	지역사회에서 여가 활동에 참여할 때 발생하는 문제를 해결할 수 있는 능력을 향상시키는 데 있다.	
최종 프로그램 목표		
1. 문제 해결 능력이 향상될 수 있다.		
실행가능목표	성과 측정	측정 내용
1-1. 지역사회에서 자신에게 적합한 여가 활동을 제시할 수 있다.	1-1. 제시를 요청했을 때, 최소 5개 이상 제시할 수 있다.	0: 전혀 제시하지 못한다.
		개수별로 점수를 부여한다.
1-2. 여가 활동에 필요한 자원에 대해 설명할 수 있다.	1-2. 설명을 요청했을 때, 필요한 여가 자원에 대해 최소 5개 이상 설명할 것이다.	0: 전혀 경험하지 못한다.
		개수별로 점수를 부여한다.

▮표 24-4▮ 회기별 주제 및 세부 활동(Program Content)

회기	날 짜	주 제	성과측정 번호	활 동 명
1	○.○○	희망의 여행 I	1-1	토픽 플레이 이보다 더 좋을 수 없다.
2	○.○○	희망의 여행 II	1-1 1-2	여가 계획서 작성하기 장애물 제거 전략
3	○.○○	희망의 여행 III	1-2	계곡 vs 바다
4	○.○○	희망의 여행 IV	1-1 1-2	나만의 요리법 여가활동 찾기 I
5	○.○○	희망의 여행 V	1-1 1-2	여가 스피드 퀴즈 여가 시
6	○.○○	희망의 여행 VI	1-1 1-2	여가 골든벨 나의 어떤 여가를

4. 치료레크리에이션 실행

치료레크리에이션 프로그램을 운영하기 위해 집단 형태는 소집단으로 구성하였으며, 회기는 단기 개입 방식으로 하였다. 매주 1회 60분씩 총 6회기로 운영되었다.

프로그램 운영은 도입, 본, 마무리 단계로 구성하였다.

도입 단계에서 매 회기 목표를 제시하여 성원들이 활동에 관심을 갖고 목표 성취를 위해 활동에 집중하면서 능동적으로 참여할 수 있도록 지원하였다.

목표 성취를 위한 본 활동은 심성계발훈련 방법을 활용한 여가교육을 실시하였고 촉진기법은 '토의식 수업' 기법을 적용하였다. 각 주제에 해당하는 활동마다 paper-work을 실시하고 이를 자유롭게 의사 표현하고 동료 성원과 공유할 수 있도록 지원하였다. 클라이언트가 시각장애인이라는 점을 고려하여 시각장애인에게 적합한 행동을 구성하고 활동 이전 연습을 통해 행동을 익히도록 하였다. 또한 저시력 클라이언트가 점맹 클라이언트를 지원할 수 있도록 하여 긍정적 상호작용을 지원하였다.

유머를 활용하여 즐겁고 자유로운 분위기를 조성하였다. 또한 성원들의 참여에 칭찬과 격려를 비롯한 긍정적 지원을 하여 성원들이 참여에 따른 성취감과 만족감을 강화할 수 있도록 하였다.

회기를 마무리할 때에는 회기 목표 및 활동에 대한 평가를 통해 회기 활동을 재인식할 수 있도록 하였다.

▌표 24-5▌ 회기분석지

회기분석지
(Session Analysis)

회　　기: 06
작 성 일: 20XX. XX. XX. (X요일)
실 행 일: 20XX. XX. XX. (X요일)
작 성 자: 정 준 구 (인)

【주제: 희망의 여행 VI】

- 활동 명(시간): 인사(10분)
- 준비물: 없음.

활 동 개 입 과 정

지도자: 참여자에게 인사를 한다.
그동안 즐거우셨습니까? 와! 오늘이 희망의 여행을 마쳐야 되는 시간입니다. 처음 여행을 시작할 때에는 언제 끝이 날지 알 수 없었는데 벌써 시간이 이렇게 흘렀습니다.

참여자: 지도자의 인사에 대해 응하면서 아쉬움을 이야기한다.

지도자: 참여자의 대답에 긍정적 지지를 한다.
예! 맞습니다. 그래서 오늘은 우리 여행을 마무리하는 시간을 가지도록 하겠습니다. 오늘 활동은 지난주에 이미 말씀드린 대로, '여가 골든벨'과 그외 몇 가지 활동을 함께 하겠습니다. 마무리를 하면서 그동안 우리가 했던 활동을 다시 한번 반추해 보시고 앞으로 여행이 끝나고 일상생활로 돌아갔을 때 어떻게 즐겁게 살 것인지를 다져보도록 하겠습니다. 그럼 시작할까요?

- 활동 명(시간): 여가 골든벨(20분)
- 실행가능목표: 여가활동에 필요한 자원에 대해 설명할 수 있다.
- 준비물: 문제, 실루폰, 스티커(또는 기타 표시물)

활 동 개 입 과 정

지도자: 참여자에게 활동을 소개한다.
이제 본격적으로 여가 골든벨을 하도록 하겠습니다. 박수!!!

지도자: 참여자에게 활동을 시작하기 전 유념해야 할 규칙을 설명한다.

지도자는 참여자에게 정답을 확인할 수 있는 동작을 알려 준다.

○	두 팔을 머리 위로 들어올린 상태에서 마치 '반원'을 만들 듯이 두 손가락을 서로 댄다.
×	두 팔을 머리 위로 들어올린 상태에서 마치 '×'를 만들 듯이 두 손목을 서로 엇갈려 댄다.
①	오른손 검지만을 핀 상태로 앞으로 내민다.
②	오른손 검지와 중지만을 핀 상태로 앞으로 내민다.
③	오른손 검지, 중지, 약지만을 핀 상태로 앞으로 내민다.
④	오른손 검지, 중지, 약지 그리고 애지만을 핀 상태로 앞으로 내민다.

지도자는 참여자와 함께 동작 연습을 두 차례 정도 실시한다.

지도자 & 참여자: 참여자와 함께 활동을 시작한다.

1. 지도자는 문제를 참여자에게 말한다.
2. 참여자는 문제를 잘 듣는다.
3. 지도자의 '올려 주세요!' 구령에 따라 해당되는 동작을 취한다.
4. 지도자와 보조진행자는 참여자의 문제 상황을 파악한다.
5. 지도자는 문제를 맞힌 사람을 이름과 실로폰 소리를 통해 최종 결정한다.
6. 보조 진행자는 문제를 못 맞힌 사람에게는 스티커를 붙인다.
7. 문제를 못 맞힌 사람은 다음 문제를 풀 수 없다.

지도자: 활동이 끝난 후 지도자는 끝까지 문제를 모두 맞힌 사람에게 승리의 박수를 다른 참여자와 함께 보낸다. 그리고 다른 참여자에게도 격려의 박수를 보낸다.

- 활동 명(시간): 나의 어떤 여가를(20분)
- 실행가능목표: 지역사회에서 자신에게 적합한 여가활동을 제시할 수 있다.
- 준비물: A4용지(개인당 1장씩), 볼펜

활 동 개 입 과 정

지도자: 참여자에게 활동을 소개한다.

문제를 풀어보니까 어떠세요? 어떤 생각이 드세요? 우리가 즐기는 것은 그렇게 멀리 있는 것이 아니라는 생각이 드시죠? 그래서 우리는 일상생활로 돌아가서 우리가 즐길 수 있는 여가활동을 찾아야 합니다. 이제 그것을 찾아보고자 합니다.

지도자: 참여자에게 활동을 소개한다.

여러분이 일상생활로 돌아가서, 특별한 사항을 제외하고 정말 즐겁게 참여할 수 있는 여가활동을 세 가지 이상 적어 주세요. 그리고 이 여가활동을 즐기는 데 필요한 것 세 가지 이상 적어 주세요.

참여자: 지도자의 지도를 받으면서 자신의 이름, 자신이 즐기려는 여가 그리고 필요한 자원을 종이에 기록한다.

지도자: 참여자가 작성한 내용을 발표하도록 한다.

참여자: 지도자의 지도 속에서 작성한 내용을 발표한다.
지도자: 활동이 끝난 후 지도자는 지지를 보낸다.

- 활동 명(시간): 정리(10분)
- 준비물: CD(For ther good time), CD Player

활 동 개 입 과 정
지도자: 오늘 활동한 것에 대해 서로 이야기한다. 감사합니다. 이제 우리의 여행이 끝났습니다. 이제 여러분은 여러분의 생활로 돌아가야 합니다. 그동안 여행이 어떠셨어요. 재미있었나요? 행복해지셨습니까?
참어자: 오늘 활동에 대해 이야기한다.
지도자: CD를 참여자에게 들려주면서 오늘 활동을 정리한다. 재미있으셨다니 감사합니다. 부족한 부분이 있었음에도 정말 계속 참여하여 주시고 적극적으로 함께 즐겨 주셔서 감사합니다. 우리가 지금 경험하는 어려움은 우리가 살고 있는 곳에서 즐기고 행복할 수 있다면 모두 극복할 수 있을 것입니다. 그것이 곧 우리에게 있는 희망이 될 것입니다. 그렇게 되기를 진심으로 기원합니다. 그럼 우리 다함께 박수를 치면서 '희망 여행'을 마치겠습니다. 함께 해 주셔서 정말 감사합니다. 즐겁고 행복한 여러분의 삶이 계속되시기를 바랍니다. 감사합니다.
지도자, 보조진행자 & 참여자: 박수를 치면서 활동을 마친다.

CHAPTER 25

정신장애인을 위한 치료레크리에이션

1. 정신장애인의 여가에 대한 이해

1) 정신장애인에 대한 이해

정신장애는 '정신병', '정신질환', '정신장애' 등 일반인뿐만 아니라 전문가들도 다양한 형태로 불리고 있는 용어이다. 일반인들이 가장 널리 사용하는 '정신병(psycosis)'은 정신적으로 이상이 있다고 생각되는 거의 모든 것을 지칭하는 것을 말하지만, 환청, 망상 등 기질적(organic)이거나 기능적(functional)인 증상을 일컫는 제한된 의미를 갖는다. '정신질환(mental illness)'은 질병의 개념을 강화시킨 용어로 정신병적(psychotic)이고 신경증적(neurotic)인 것 모두를 포함한다. 여기에는 환청, 망상뿐만 아니라 우울, 불안 증상을 포함한다. '정신장애(mental disorder)'는 개인에게 발생되는 생각, 느낌, 행동이 임상적으로 병리적인 양상을 보이는 것으로서, 다른 상태와 뚜렷이 구별되며, 규칙적인 진행과정을 갖고 있고, 실질적 스트레스를 유발하며, 사회 기능과 일상생활에 영향을 미치는 상태로서, 어떤 방법에 의한 것이든 치료에 반응을 보이는 상태라고 할 수 있다. 즉 정신장애에는 생리적, 심리적,

요소외에 사회적 요소도 포함되어 있는 개념으로 이해할 수 있다(양옥경, 2006: 83-88).

국내 정신장애인의 평생유병율 조사에 의하면, 조현병, 기분장애, 섭식장애, 약물남용을 포함할 경우 27.6%로 나타났다(보건복지부, 2011).

정신장애가 만성이 될 경우 만성정신장애인은 다음과 같은 심리사회적 특성을 볼 수 있다(양옥경, 2006: 83-92).

- 유병기간이 최소한 2년을 경과하고 있다.
- 입원기간이 90일 이상 되고 재입원의 악순환이 반복된다.
- 병이 장기화됨에 따라 정신장애인 자신의 능력상실로 인한 개인생활 및 가정생활에서의 기능이 약화될 뿐만 아니라 어느 정도 타인의 보호를 필요로 한다.
- 단기간의 치료보다 장기보호의 성격이 강하므로 가족의 보호부담이 커지고 그에 따른 요구들이 강하게 나타난다.
- 정신장애의 장기화 현상으로 경제적 파탄이 초래된다.
- 사회로부터의 편견과 낙인으로 사회적응 기회가 상실된다.
- 만성과 정신장애의 복합적 요소로 사회복지 대책이 요구된다는 것이다.

2) 정신장애인의 여가에 대한 이해

정신장애인의 여가활동을 살핀 연구들을 보면, 정신장애인은 주로 종교활동(박수영, 2002), 쇼핑, 공원 산책, 음악 감상, TV 및 라디오 청취(김소임, 1999; 우지연, 2002)에 참여하는 것으로 나타났다. 이들의 여가활동은 대체로 단조롭고 특별한 기술이 필요 없는 활동이면서 주로 혼자 이루어지는 특성을 갖고 있다. 이는 정신장애인의 여가활동이 다양하지 못하고 타인과 사회적 상호작용이 부족한 것으로 볼 수 있다. 양옥경(1992)은 지역사회에 거주하는 정신장애인과 병원에 입원하고 있는 정신장애인의 여가 만족도를 비교한 결과, 두 집단 간의 여가만족도에서 유의미한 차이가 없는 것을 발견하고 이는 정신장애인들이 특별한 여가활동을 하고 있지 않다는 것을 의미한다고 보고하였다. 이와 같이 정신장애인의 소극적이고 낮은 정도의 여가활동은 낮은 여가 만족감과 연결되고 있음을 알 수 있으며 이는 다른 삶의 만족 영역보다 더 낮은 것으로 나타났다(김소임, 1999; 우지연, 2002). 더군다나 정신장애인은 자신의 여가활동을 관리할 수 있는 능력 또한 부족한 것으로 나타났다. 그래서 이진숙(2003)은 정신장애인이 자신의 여가활동을 관리할 수 있는 능력이 낮기 때문에 이를 지원할 수 있는 서비스가 필요하다고 하였다. 실제 정신장애인의 여가 욕구를 조사한 연구(김종천, 1996)에서 정신장애인은 의료기관내 여가프로그램의 다양화, 스포츠 레저 활동 영역에서 강한 여가 욕구를 보이고 있는데, 이는 정신장애인이 주로 단조로운 여가활동에 혼자 참여하는 형태와 연결하여 이해할 수 있다.

2. 정신장애인을 위한 치료레크리에이션 전략

정신장애인을 위한 치료레크리에이션은 심리사회적 안녕감을 얻게 하는데 초점을 맞춘다. 즉 스트레스에 대처하고 타인과 상호작용할 수 있는 기술을 재학습하고 다양한 여가활동에 참여할 수 있는 지식과 기술을 습득하는데 있다.

이를 위해 치료레크리에이션 전문가는 정신건강과 관련된 개념을 이해하고 있어야 하며 정신과 의사를 비롯한 다학문적 팀과의 협력 체계를 구축하여 상호 정보를 교환할 수 있어야 한다(Robertson & Long, 2008: 146-148).

[사례][9)]

1. 치료레크리에이션 사성

사정(assessment)은 C시 종합병원 낮병동을 이용하고 있는 정신장애인 ○○명을 대상으로 하였다. 클라이언트와 면담을 통해 초기면접지와 여가기능검사지(FACTR)를 작성하고 담당 정신보건사회복지사와 면담을 통해 클라이언트 관련 심리사회적 정보를 추가 수집하였다.

치료레크리에이션 프로그램과 관련된 환경 요인을 확인하기 위해 클라이언트가 이용하고 있는 종합병원의 설립목적과 주요사업, 그리고 지역사회 특성 및 활용가능한 자원(장소, 도구, 예산), 치료레크리에이션 전문가 여부를 확인하였다.

사정 결과는 다음과 같다.

클라이언트의 신체적 기능은 대체로 큰 어려움이 없었으나 인지 · 정서 · 사회적 기능에서는 어려움이 있는 것으로 나타났다. 담당 정신보건사회복지사도 현재 발견된 인지 · 정서 · 사회적 기능에서 지원이 이루어지기를 희망하였다. 또한 스트레스 해소와 새로운 여가기술 습득을 희망하였다.

○○종합병원은 대학교 부설 종합병원으로서 다양한 진료과목을 운영하고 있다. 정신병동은 폐쇄병동과 낮병동이 함께 운영되고 있었고 담당 정신보건사회복지사(1명)가 주로 맡고 있었다. 정신보건사회복지사는 정신보건과 관련된 풍부한 지식과 경험을 갖고 있었고 정신보건사회복지사 실습생의 수퍼바이저 역할을 하였다. 치료레크리에이션 프로그램 장소는 책상과 의자가 있는 강의실에서 이루어졌다. 치료레크리에이션 전문가는 기관에 배치되어 있지 않았지만, 정신보건사회복지사는 치료레크리에이션 프로그램에 관심이 많았고 원활한 운영이 될 수 있도록 적극

9) 본 프로그램은 정준구의 정신장애인 스트레스 대처능력 증진 프로그램(TR Report 2009-01)의 일부 내용을 발췌하여 정리한 것임.

협조하였다.

2. 치료레크리에이션 기획

기획(Planning)은 정신장애인이 효과적으로 스트레스에 대처할 수 있는 여가능력을 향상시키는데 초점을 두었다. 주요 서비스 영역은 여가교육 프로그램으로 설정하였다.

목표는 스트레스에 대처할 수 있는 능력을 향상하는 데 있다. 이를 위해 실천기술은 '심성계발훈련'을 활용하였다. 매 회기 paper-work 및 주제 토론, 강의, 소집단 활동이 구성되었고, 상호작용 유형으로는 집합적, 일방적, 집단 간 상호작용 유형이 반영되었다.

구체적 프로그램 계획 및 활동 내용은 다음 〈표 25-1〉, 〈표 25-2〉를 참고하기 바란다.

▌표 25-1▌ 구체적 프로그램 계획

<table>
<tr><th colspan="3">최종도달목표</th></tr>
<tr><td colspan="3">1. 스트레스 대처 능력이 증진될 수 있다.</td></tr>
<tr><th>실행가능목표</th><th>성과측정</th><th>측정내용</th></tr>
<tr><td rowspan="3">1-1. 스트레스 대처 방식이 증진될 수 있다.</td><td rowspan="3">1-1. 주어진 상황에 적절한 대안을 최소 3개 이상 제시할 수 있다.</td><td>• 3개 이상: 2점</td></tr>
<tr><td>• 1~2개: 1점</td></tr>
<tr><td>• 0개: 0점</td></tr>
<tr><td rowspan="3">1-2. 스트레스 증상이 감소될 수 있다.</td><td rowspan="3">1-2. 지난 1주일 동안 즐거운 경험 유무를 질문했을 때, 최소 3회 이상 대답할 수 있다.</td><td>• 3회 이상: 2점</td></tr>
<tr><td>• 1~2회: 1점</td></tr>
<tr><td>• 0회: 0점</td></tr>
</table>

▌표 25-2▌ 회기별 주제 및 세부활동

회기	날짜	주제	성과 측정 번호	활 동 명
1	○.○○.	여가생활양식	1-1	• 노래 부르기 • 주제토론 • 여가활동 찾기
2	○.○○.	여가생활양식	1-2	• 노래 부르기 • 스트레스 대처 이야기 • 나의 여가생활양식
3	○.○○.	이완	1-2	• 노래 부르기 • 스트레칭 익히기
4	○.○○.	이완	1-1	• 스트레칭 익히기 • 차 마시기
5	○.○○.	문제해결	1-1	• 돌발퀴즈 • 나의 문제해결방법 • 여가 전화번호 찾기
≀				
13	○.○○.	주장	1-1	• 가치관 경매
14	○.○○.	생활과 시간관리	1-1	• 주간 계획 • 여가 그림 그리기
15	○.○○.	stress-mapping	1-1	• 스트레스 지도

3. 치료레크리에이션 실행

치료레크리에이션 프로그램을 운영하기 위해 집단 형태는 소집단으로 구성하였으며, 회기는 매주 1회 60분씩 총 16회기로 운영되었다. 프로그램 운영은 도입, 본, 마무리 단계로 구성하였다.

도입 단계에서 매 회기 목표를 제시하여 성원들이 활동에 관심을 갖고 목표 성취를 위해 활동에 집중하면서 능동적으로 참여할 수 있도록 지원하였다. 또한 sing along을 통해 즐거운 분위기로 회기가 시작될 수 있도록 하였다.

목표 성취를 위한 본 활동은 심성계발훈련 방법을 활용한 여가교육을 실시하였고 촉진 기법은 '토의식 수업'과 '칭찬과 격려' 기법을 적용하였다. 각 주제에 해당하는 활동에 따라 paper-work 및 주제 토론, 강의, 소집단 활동을 실시하고 이를 자유롭게 의사 표현하고 동료 성원과 공유할 수 있도록 지원하였다.

유머를 활용하여 즐겁고 자유로운 분위기를 조성하였다. 또한 성원들의 참여에 칭찬과 격려를 비롯한 긍정적 지원을 하여 성원들이 참여에 따른 성취감과 만족감을 강화할 수 있도록 하였다.

회기를 마무리할 때에는 회기 목표 및 활동에 대한 평가를 통해 회기 활동을 재인식할 수 있도록 하였다.

▌표 25-3▐ 회기분석지

회기분석지
(Session Analysis)

회 기: 16
작 성 일: 20XX. XX. XX. (X요일)
실 행 일: 20XX. XX. XX. (X요일)
작 성 자: 정준구 (인)

【주제: 생활과 시간관리】

- 활동명(시간): 인사(10분)
- 준비물: 출석부, 사과인형

활 동 개 입 과 정
지도자: 참여자에게 인사를 한다. 한 주일 동안 재미있게 지내셨어요? 오늘은 여러분이 어떻게 하면 즐거운 시간을 보낼 수 있을지 계획을 세워 보는 방법을 배우는 시간을 갖도록 하겠습니다. 먼저 출석을 확인하도록 하겠습니다. 모두 자기의 이름 옆에 사과를 붙여 주세요. 참여자 : 각자 자신의 이름 옆에 있는 점에 사과 하나를 붙인다.

- 활동명(시간): 주간 계획(20분)
- 실행가능목표: 스트레스 대처 방식이 증진될 수 있다.
- 준비물: 펜, 주간계획양식, 전화번호부, 지역신문, 경쾌한 분위기가 있는 음악 테이프(또는 CD)

활 동 개 입 과 정

지도자: 주말을 잘 보내야 하는 이유와 방법을 설명한다.

여러분은 이번 주말에 어떻게 보낼지 생각해 보셨나요? 주말을 어떻게 보낼지 왜 생각해야 할까요? 주말을 잘 보내면 월요일이 아주 행복해 져요. 그리고 행복해 지려면 준비가 필요해요. 그런 의미에서 지금부터 여가계획서를 작성해 보겠습니다.

지도자: 먼저 작성 사례를 보여 준 후 참여자에게 주간 계획을 작성하도록 한다.

㉭ 연습

1. 지도자는 참여자에게 주간계획양식을 나누어 준다.
2. 지도자는 참여자에게 작성 방법을 설명한다.
3. 지도자는 작성한 예가 있는 양식을 참여자에게 보여 준다.

▶ 활동

1. 참여자는 지도자가 준 양식의 질문들을 읽고 해당되는 내용을 작성한다. 이 때 지도자는 필요할 경우 다과와 음악을 통하여 참여자들이 즐거운 분위기 속에서 양식을 작성하도록 촉진할 수 있다.
2. 지도자는 참여자가 작성한 내용을 발표하도록 한다.

- 활동명(시간): 여가 그림 그리기(20분)
- 실행가능목표: 스트레스 대처 방식이 증진될 수 있다.
- 준비물: 도화지, 크레용 또는 색연필

활 동 개 입 과 정

지도자: 참여자에게 활동을 소개한다.

문제를 풀어보니까 어떠세요? 어떤 생각이 드세요? 우리가 즐기는 것은 그렇게 멀리 있는 것이 아니라는 생각이 드시죠? 그래서 우리는 일상생활로 돌아가서 우리가 즐길 수 있는 여가활동을 찾아야 합니다. 이제 그것을 찾아보고자 합니다.

지도자: 자신들이 작성한 여가계획서에 따라 즐기는 여가활동 그림을 그리는 이유를 설명한다.

모두 잘 하셨습니다. 그럼, 여러분이 작성한 계획대로 활동을 한다면 기분이 어떨까요? 기분이 좋으시겠죠? 그 상황을 우리 그림으로 그려 봐요. 여러분이 여가 활동을 하고 있는 모습을 그리는 것입니다. 왜 그려야 하냐고요? 한번 미리 즐거움을 느껴 보자는 것이지요! 미리 즐거움을 느껴 본다는 것! 얼마나 기분이 좋은 일이에요.

▶ 활동

1. 지도자는 참여자들에게 도화지, 크레용(색연필)을 나누어 준다.
2. 참여자는 지도자가 나누어 준 도화지에 해당되는 그림을 그린다.
3. 지도자는 참여자가 모두 그림을 다 그린 후에 그림을 설명하도록 한다.

■ 활동명(시간): 정리(10분)
■ 준비물: 없음

활동개입과정
지도자: 활동을 정리하고 오늘 활동한 모든 조원에게 칭찬과 격려를 한다. 그리고 오늘 작성한 여가계획서를 반드시 할 것을 과제로 부여하고 구호와 함께 오늘 활동을 마친다. 그리고 지도자는 담당 사회사업가에게 과제 수행 여부를 다음 주 이전 확인할 것을 요청한다. 참여자: 정신건강 구호를 함께 외친 후 회기를 마친다. 서로 인사를 한다.

APTER 26

장애아동을 위한 치료레크리에이션

1. 장애아동의 여가에 대한 이해

1) 장애아동에 대한 이해

장애아동은 시각장애, 청각장애, 언어장애, 지체장애, 지적장애, 발달장애, 정서 및 행동장애, 학습장애 등 장애를 갖고 있는 아동을 말한다. 장애아동은 장애유형 한 가지를 갖고 있는 경우도 있으며, 2가지 이상 장애를 복합적으로 갖고 있는 경우도 있다.

일반적으로 장애아동은 일반아동과 다르다는 점에서 특별한 적용이 필요하다. 장애아동이 다른 아동과 다르다는 개념을 이해할 때 고려해야 할 점으로, 첫째 장애아동을 일반아동과 분류하기 위해 필요한 차이는 개인적으로 매우 다양하다는 것이다. 즉 장애아동 중에는 일반아동과의 차이가 매우 작은 경우도 있으며, 외모만으로 장애의 식별이 어렵고 학교 입학 후 학업 영역에서의 실패를 경험할 때까지 이 차이가 발견되지 않을 수 있다는 사실을 잘 알고 있어야 한다. 둘째, 장애아동이 일반또래들과 비슷한 특성을 지니고 있다는 사실이다(이소현 · 박은혜, 2011: 14-15).

2) 장애아동의 여가에 대한 이해

발달장애아동은 어려서 진단을 받은 뒤 다양한 교육과 치료 프로그램에 참여하여 그들이 가지고 있는 부족한 기초 기능을 향상시키는 데 많은 시간과 노력을 투자한다. 반면, 여가활동에는 참여도가 낮은 경우가 많다. 부모 또한 여가활동에 대한 인식이 낮아 아동의 여가 사회화는 매우 열악하다고 볼 수 있다. 이는 곧 발달장애아동이 여가 속에서 또래와 언어적 상호작용을 하지 못하거나 다른 매개체를 통한 상호작용을 경험하지 못하게 된다(채준안 외, 2008: 101).

이를 위해서는 장애아동의 연령에 적합하면서 생활환경 속에서 활용할 수 있는 사회, 행동, 여가 기술이 강조된다. 따라서 프로그램은 행동 관리, 의사소통, 학습, 사회 기술 및 대인관계 기술 등이 중요 요소로서 고려될 수 있다(Austin, 2001: 113-129).

2. 장애아동을 위한 치료레크리에이션 전략

장애아동을 위한 치료레크리에이션 프로그램은 교육 서비스와 도구를 제공하고 사회화 기회를 제공한다. 즉 사회 기술 개발, 여가 인식, 적절한 여가 자원 활용, 활동 기술이 개발되어야 한다(Robertson & Long, 2008: 137).

[사례][10)]

1. 치료레크리에이션 사정

사정(assessment)은 P시 소재 초등학교 2개 학교내 특수학급 방과후 프로그램을 이용하고 있는 장애아동 ○○명을 대상으로 하였다. 이들은 모두 기존 치료레크리에이션 프로그램을 이용하고 있는 아동들이다. 본 협회는 이들의 여가능력을 확대하기 위한 방안으로 장애아동과 일반아동 및 청소년과의 통합캠프의 필요성을 갖고 있었으며 해당 특수학급 교사 또한 이에 공감하며 공동 캠프 운영에 동의하였다.

2. 치료레크리에이션 기획

1) 목적 및 목표

① 목적

장애 아동이 자연 및 야외에서 중학생 자원봉사들과 함께 새로운 여가 활동을 함께 체험함으로써 사회적 능력, 여가 능력을 향상하는 데 있다.

② 목표

자연 및 야외레크리에이션 참여 능력을 향상시킨다.

2) 개요

- 기간: 20○○. ○. ○○(토). - ○. ○○(일).
- 대상: ○○초등학교, ○○초등학교 특수학급 장애아동
- 장소: ○○미군부대 및 ○○콘도

---

10) 본 사례는 (사)한국디지털치료레크리에이션협회 천안지회의 치료레크리에이션 프로그램을 수정한 것임.

- 인원: 23명
- 주최: (사)한국디지털치료레크리에이션협회 천안지회
- 주관: (사)한국디지털치료레크리에이션협회 천안지회 / ㅇㅇ초등학교, ㅇㅇ초등학교
- 지원: ㅇㅇ미군부대, 개별후원, 후원단체

3) 프로그램 내용

활동	수행방법	수행인력	인원	시간
공동체 활동	• 자연 및 야외에서 놀기 • 대상: 전원 • 운영형태: 공동체 활동 및 촛불 의식, 추적 놀이	• 레크리에이션치료사 4명 • 교사 2명 • 자원봉사 7명	13명	3시간
스포츠 활동	• 캠퍼들의 집단 활동 • 대상: 전원 • 운영형태: 수영, 야구	• 레크리에이션치료사 4명 • 교사 2명 • 자원봉사 7명	13명	6시간

시간	1일	2일
09:00	출발	아침식사
09:30-12:00	야구(ㅇㅇ미군부대)	추적놀이(ㅇㅇ콘도)
12:00-13:00	점심식사	귀가
13:30-17:00	수영(ㅇㅇ콘도)	
18:00-20:00	저녁식사	
20:00-21:00	공동체 활동(조별:깃발만들기) 및 촛불 의식(ㅇㅇ콘도)	
21:00-	취침	

3. 치료레크리에이션 실행

캠프 프로그램은 일반학교와 네트워크를 통해 실시되었다. 각 학교 특수교사와 지속적인 회의 및 연락을 통해 의사소통을 하고 자신에게 주어진 역할을 수행할

수 있도록 하였다. 프로그램 동안에는 사전 교육을 받은 중학교 자원봉사원이 전담 아동 곁에서 늘 아동과 함께 활동을 할 수 있도록 하여 장애아동이 일반 청소년과 긍정적 상호작용을 경험할 수 있도록 하였다. 특히 자연 및 야외 환경 속에서 함께 참여함으로써 여가능력을 확장할 수 있도록 하였다.

Therapeutic Recreation

Appendix

부록

전반적 프로그램 기획
(Comprehensive Program Planning)

작 성 일: . . .
작 성 자: (인)

I. 분석(Analysis)

1. 클라이언트 분석

■ 인구통계학적 자료

연령(세) / 성별	~	~	~	~	계
남					
여					
계					
종교					계
인원					
학력					계
인원					
경제					계
인원					

■ 건강관련자료

□ 신체건강상태

진단명								계
인 원								

■ 여가관련자료

□ 전반적 여가활동유형 (검사여 □ 부 □)

현재 즐기는 여가활동명	개인별 여가활동유형
선만석 여가활동유형	형

□ ○○○ 검사 (검사여□ 부□)

□ 기타 검사(　　　　　　　　)

2. 기관분석

■ 기 관 명:

■ 설 립 일:

■ 설립취지:

■ 기관조직표

■ 프로그램현황

■ 연락처: (　　　)
전　송: (　　　)
e-메일:
홈페이지:

■ 주　소: (　　　-　　　)

■ 교통편:

3. 자원분석

■ 가용인력현황

번호	성명	성별	기관 내 직책	프로그램 개입시 역할

■ 시설 및 장비(활동실)

□ 시설(평면도): 평

□ 장비

내용	텔레비전 □	비디오테크 □	노래방기기 □	의자 □/ 형태:	책상 □/ 형태:	벽사용가능 □
활동 도구명						

■ 예산

항 목	금 액
인건비	
재료비	
기 타	

■ 기관 여가자원

실내시설	
실외시설	

4. 지역사회 여가자원 분석

물적자원	
인적자원	

5. 치료레크리에이션 전문가 분석

번호	성 명	성별	기관 내 직책	치료레크리에이션 서비스제공 시 주요 역할

Ⅱ. 개념화(Conceptualization)

<table>
<tr><td>목 적</td><td colspan="2"></td></tr>
<tr><td rowspan="15">목 표</td><td rowspan="5">기능적 개입
(치료)
서비스
☐</td><td>1.</td></tr>
<tr><td>2.</td></tr>
<tr><td>3.</td></tr>
<tr><td>4.</td></tr>
<tr><td>5.</td></tr>
<tr><td rowspan="5">여가교육
서비스
☐</td><td>1.</td></tr>
<tr><td>2.</td></tr>
<tr><td>3.</td></tr>
<tr><td>4.</td></tr>
<tr><td>5.</td></tr>
<tr><td rowspan="5">레크리에이션
참여서비스
☐</td><td>1.</td></tr>
<tr><td>2.</td></tr>
<tr><td>3.</td></tr>
<tr><td>4.</td></tr>
<tr><td>5.</td></tr>
</table>

Ⅲ. 조사(Investigation)

서비스 영역	구성요소	프 로 그 램 명
기능적 개입 (치료) 서비스 ☐		
여가교육서비스 ☐		
레크리에이션 참여서비스 ☐		

Ⅳ. 결정(Determination)

서비스 영역	구성요소	프 로 그 램 명

COMMENT

개별프로그램 기획(레저그램)
(Individual Program Planning)

작 성 일: . . .
작 성 자: (인)

▶ 성명(성별): ( ) ▶ 연령: 세 ▶ 진단명:

여가활동명	여가요소						자 원	강 점	문제행동목록
	S	G	M	P	O	H			
여가활동유형	형								
목표행동									

서비스영역	구성요소	프 로 그 램 명
치료서비스 □		
여가교육 서비스 □		
레크리에이션 참여 서비스 □		

■ 결 정

서비스 영역	구성요소	프 로 그 램 명

COMMENT

구체적 프로그램 기획
(Specific Program Planning)

작 성 일: . . .
작 성 자: (인)

Ⅰ. 실행계획(Implementation Plan)

클라이언트	개별 □	▶ 성 명(성별): ( ) ▶ 연 령: 세 ▶ 진단명:
	집단 □	▶ 대 상: ▶ 성별분포: 남: 여 = : ▶ 평균연령: 세 ▶ 인 원: 명
실 행 기 간		▶ 200 . . . ~ 200 . . . ▶ 매주 요일/ 총 Session
실행 소요시간		30분~45분□/ 45분~1시간□/ 1시간~1시간 30분□/ 기 타□( )

Ⅱ. 프로그램기술(Program Description)

프로그램명	
프로그램 목적	

최 종 프 로 그 램 목 표		
1.		
실행가능목표	성 과 측 정	측 정 내 용
1-1.	1-1.	1.
		2.
		3.

최 종 프 로 그 램 목 표		
2.		
실행가능목표	성 과 측 정	측 정 내 용
2-1.	2-1.	1.

		2.
		3.
2-2.	2-2.	1.
		2.
		3.

Ⅱ. 회기별 주제 및 세부활동(Program Content)

회기	날 짜	주 제	성과 측정 번호	활 동 명

회기분석지
(Session Analysis)

회　　기:		
작 성 일:	.　　.　　. (	요일)
실 행 일:	.　　.　　. (	요일)
작 성 자:	(인)	

【주제:　　　　　　　　　　　　　　　】

- 활동명(분):
- 준비물:

활 동 개 입 과 정

- 활동명(분):
- 실행가능목표:
- 준비물:

활 동 개 입 과 정

- 활동명(분):
- 준비물:

활 동 개 입 과 정

측정기록지(개별)
(Individual Performance Sheet)

회 기:
실행(작성) 일: . . .(요일)
작 성 자: (인)

성명(성별)	연 령(세)	진단명	성과측정 점수			
			1-1	1-2	2-1	2-2

활 동 명	관 찰 내 용	기 타 사 항

COMMENT

종합측정 기록지(개별)
(Total Individual Performance Sheet)

작 성 일: . . . (요일)
작 성 자: (인)

<table>
<tr><th rowspan="2">성명
(성별)</th><th rowspan="2">연령
(세)</th><th rowspan="2">진단명</th><th rowspan="2">출석수/
총회기수</th><th colspan="4">성과 측정 평균점수</th></tr>
<tr><th>1-1
(측정횟수)</th><th>1-2
(측정횟수)</th><th>2-1
(측정횟수)</th><th>2-2
(측정횟수)</th></tr>
<tr><td></td><td></td><td></td><td></td><td></td><td></td><td></td><td></td></tr>
<tr><td colspan="2" rowspan="4">종합평가</td><td colspan="3">1-1:</td><td colspan="3">1-2:</td></tr>
<tr><td colspan="3"></td><td colspan="3"></td></tr>
<tr><td colspan="3">2-1:</td><td colspan="3">2-2:</td></tr>
<tr><td colspan="3"></td><td colspan="3"></td></tr>
<tr><td colspan="2">COMMENT</td><td colspan="6"></td></tr>
</table>

측정기록지(집단)
(Group Performance Sheet)

회 기:
실행(작성)일: . . . (요일)
작 성 자: (인)

번호	성명 (성별)	연령 (세)	진단명	1–1	1–2	2–1	2–2	평 가

종합측정평가서(집단)
(Total Group Performance Sheet)

작 성 일: . . .(요일)
작 성 자: (인)

번호	성 명 (성별)	연령 (세)	진단명	출석수/ 총회기수	성과 측정 평균점수				개인 합계
					1-1 (측정 횟수)	1-2 (측정 횟수)	2-1 (측정 횟수)	2-2 (측정 횟수)	
성과 측정 합계									

번호	성 명(성별)	종 합 평 가

운영평가서
(Evaluation Paper)

회 기:
실행(작성)일: . . . (요일)
작 성 자: (인)

** 표기된 부분은 프로그램구조가 집단일 경우에만 작성

** 출 석 인 원	명/ 성 명:
** 결 석 인 원	명/ 성 명:
** 신입인원 (집단)	명/ 성 명:

내 용 \ 평 가	예	아니오	평 가 사 유
각 활동이 목표에 부합된 활동으로 접근되었는가?			
지도자와 스태프 간의 의사소통이 원활하게 진행되었는가?			
프로그램 운영에 있어 약속된 규범이 얼마나 잘 지켜졌는가? (시간엄수/ 사전계획/ 역할분담 등)			
모든 참여자가 형평성 있게 참여할 수 있도록 프로그램을 유도하였는가?			

COMMENT

종합운영평가서
(Total Evaluation Paper)

작 성 일: . . . (요일)
작 성 자: (인)

** 표기된 부분은 프로그램구조가 집단일 경우에만 작성

내 용 \ 회 기	1	2	3	4	5	6	7	8	9	10	11	12	13	14	15	16
** 출석인원(총인원)																
** 결석인원																
활동의 적합성 여부																
지도자와 스태프와의 의사소통 가능 여부																
규범준수 여부																
클라이언트에 대한 형평성 있는 참여유도 여부																

COMMENT

참/고/문/헌

강남국 (1999). 여가사회의 이해. 서울: 형설출판사.

기윤옥, 오익수 (2017). 초등학생의 자기조절력 향상을 위한 긍정적 타임아웃 실행연구. 초등상담연구, 16(4), 437-456.

김광득 (2008). 여가와 현대사회. 서울: 백산출판사.

김경철 (2001). 餘暇와 사회계급 구조의 관련성:(Marx와 Weber의 견해를 중심으로 한 이론적 고찰). 용인대학교 인문사회과학연구소 인문사회논총 7, 1-23

김려옥 (1989). 심성계발 프로그램 Ⅰ. 서울: 배문사.

김문겸 (1993). 여가의 사회학. 서울: 한울아카데미.

김보라, 손현동 (2016). 보드게임 놀이 대집단 활동이 아동의 사회성에 미치는 효과. 교육혁신연구KCI 통권 37, 195-217 .

김선혜 (2007). 교사의 '칭찬' 언어와 '격려' 언어의 차이. 초등교육연구 20(3). 377-399.

김선희, 강혜원, 나기석, 손덕순, 임경선, 정준구 (2012). 인간행동과 사회환경. 서울: 신정.

김영일 (2011). 시각장애인복지론. 서울: 집문당.

김오중, 최장호 (2009). 여가레크리에이션. 서울: 대경북스.

김춘경, 이수연, 이윤주, 정종진, 최웅용 (2013). 상담의 이론과 실제. 서울: 학지사.

구본행 (2003). 여가 및 레크리에이션에 관련된 특이 개념의 체계. 체육연구, 19, 67-82.

권중돈, 고효진, 이성희, 임송은, 장우심, 이유진 (2002). 치매와 가족. 서울: 학지사.

남은영, 최유정 (2008). 사회계층 변수에 따른 여가격차: 여가유형과 여가 및 삶의 만족도를 중심으로. 한국인구학, 31(3), 57-84.

문장원 (2004). 자격 연수. 국립특수교육원. 123-133.

박선권 (2006). 현대적 여가의 상태. 서울: 르네상스.

박병기 (1998). 장이론. 서울: 교육과학사.

박영아 (1996). 타임아웃이 주의력결함과잉행동아동의 충동성 감소에 미치는 효과. 석사학위논문.

박지선 (2008). 중복·중증장애아동을 위한 치료레크리에이션 프로그램. 한국디지털치료레크리에이션협회 천안지회 내부자료.

배경숙, 권용신 (2011). 노인복지관의 집행특성에 따른 노인의 여가만족. 노인복지연구 통권, 51, 321-340.

보건복지부 (2011). 2011년 장애인 실태조사.

보건복지부 (2011). 2011년 정신질환실태 역학보고서.

서태양, 차석빈 (1996). **여가론**. 서울: 대왕사.

양명희 (2013). **행동지원**. 서울: 학지사.

양옥경 (2006). **정신보건과 사회복지**. 서울: 나남출판.

오세진, 김형일, 임영식, 현명호, 김병선, 김정인, 김한준, 양병화, 이재일, 양돈규, 최창호, 이장한 (2001). **인간행동과 심리학**. 서울: 학지사.

오순환 (1999). **한국 여가문화의 이해**. 서울: 일신사.

오정수, 류진석 (2009). **지역사회복지론**. 서울: 학지사.

윤덕중 (2003). 시각장애인의 여가활동 참여에 영향을 미치는 요인 - 대전·충청지역을 중심으로 - 석사학위논문.

이선배 (2017). 도구를 활용한 신체활동이 유아의 기초 체력과 신체적 자아개념에 미치는 영향. 석사학위논문

이성규 (2011). **한국장애인복지 발달사**. 서울: 집문당.

이소현, 박은혜 (2011). **특수아동교육**. 서울: 학지사.

이숙정 (2011). **인간학적 사유를 여는 중도·중복장애 교육학**. 서울: 집문당.

이순형, 김유미, 김은영 (2015). **아동생활지도**. 서울: 학지사.

이숙자, 임성옥, 조선하, 차지원, 정준구 (2009). 여가활동 프로그램이 시각장애인의 자아존중감, 삶의 만족도 및 우울에 미치는 효과. **농어촌복지연구**, 3, 33-50.

이원숙 (2008). **사회복지실천론**. 서울: 학지사.

이윤로 (2004). **치매노인과 사회복지서비스**. 서울: 학지사.

이종각, 김홍록 (1980). **현대레크리에이션론**. 서울: 경림출판사.

이준우, 이화옥, 임원선 (2004). **사회복지실천론**. 서울: 인간과복지.

이준우, 홍유미, 김연신, 신빛나, 이현아, 임수정 (2011). **사회복지용어사전**. 서울: 서현사.

이태연 (2012). **심리학의 이해**. 서울: 신정.

임안수, 이해균, 박순희 (1996). **시각중복장애아 학습지도 프로그램**. 국립특수교육원.

임은희 (2007). **음악치료학개론**. 서울: 푸른북.

정봉수 (2017). 초등학생의 자아존중감, 내・외 통제소재와 칭찬・격려 언어의 선호도 사이의 관계에 대한 연구. 석사학위논문.

장삼식 (2005). 시각장애인 문화생활 연구- 대구지역 시각장애인의 문화생활 실태와 욕구를 중심으로. 사단법인 대구시각장애인문화원.

정광조, 이근매, 최애나, 원상화 (2009). **예술치료**. 서울: 시그마프레스.

정무성 (2005). **사회복지 프로그램 개발론**. 파주: 학현사.

정준구 (2006). 시각장애인을 위한 치료레크리에이션 프로그램. 한국디지털치료레크리에이션협회 천안지회 내부자료.

정준구 (2008). 여가생활양식 이해. 한국디지털치료레크리에이션협회 천안지회 TR Report 2008-04.

정준구 (2008). 치매노인 근력 강화. 한국디지털치료레크리에이션협회 천안지회 TR Report 2008-01.

정준구 (2009). 정신장애인의 여가생활양식에 관한 연구. **치료레크리에이션과 사회복지, 1,** 3-20.

정준구 (2009). **치료레크리에이션 사정의 이해와 실제.** 청주: 유한사.

정준구 (2009). 발달장애자녀 부모의 양육 스트레스, 가족여가 및 가족기능이 심리적 안녕감에 미치는 영향에 관한 연구. 박사학위논문.

정준구 (2010). 장애자녀를 둔 가족의 경제적 소득 정도가 여가활동 참여도에 미치는 영향에 관한 연구. **재활복지 14**(4), 257-275.

정준구 (2012). 장기 치료레크리에이션 프로그램이 정신장애인의 여가만족도 및 삶의 만족도에 미치는 영향. **재활복지 16**(4), 199-219.

정준구, 김은주, 김양욱 (2010). **농촌노인을 위한 치료레크리에이션.** 청주: 유한사.

조명환, 김희진, 최정순 (2010). **여가탐구생활.** 서울: 백산출판사.

채준안, 홍성아, 전영숙, 이아라 (2008). **알기쉬운 치료레크리에이션 실천기법.** 서울: 여가나눔.

채준안, 이준우 (2009). **치료레크리에이션의 이해와 실천.** 서울: 파란마음.

한국디지털치료레크리에이션협회 천안지회 (2012). 내부자료.

한국직업능력개발원 (2007). 레크리에이션치료사 직무분석. 연구자료 2007-10.

황보연, 김혜순 (2010). 도구를 활용한 협동적 신체활동이 유아의 문제행동 감소에 미치는 효과. **한국유아체육학회지, 11**(2), 49-66.

Adler, A. (1998). *Understanding Life.* B. Colin(Eds). Minnesota: Hazelden.

Avedon, E. M. (1974). *Therapeutic Recreation Service: An Applied behavior scienence apporach.* Englewood Wood.

Bammel, G., & Barrus-Bammel, L. L. (1996). *Leisure & Human Behavior.* IA: Brown & Benchmark..

Bell, V., & Troxel, D. (2006). **치매: 고귀함을 잃지 않는 삶.** 이애영 역. 서울: 학지사.

Bourdieu, P. (2005). **구별짓기; 문화와 취향의 사회학.** 최종철 역. 서울: 새물결.

Bucher, C. A., Shivers, J. S., & Bucher, R. D. (1984). *Receration for Today's Society.* NJ:

Prentice-Hall.

Buettner, L., & Kolanowski, A. (2003). Practice Guidelines for Recreation Therapy in the Care of People with Dementia. *Geriatirc Nursing, 24*(1). 18-25.

Caillois, R. (1999). 놀이와 인간. 이상률 역. 서울: 문예출판사.

Carruthers, C. P., & Hood, C. D. (2004). The Power of the Positive: Leisure and Well-Being. *therapeutic recreation Journal., 38*(2), 225-245.

Carter, M. J., Van Andel, G. E., & Robb, G. M. (1985). *Therapeutic Recreation: A Practical Approach*. Missouri: Times Mirror/Mosby College Publishing.

Csikszentmihalyi, M. (1999). 몰입의 즐거움. 이희재 역. 서울: 해냄.

Csikszentmihalyi, M. (2004). Flwo: 미치도록 행복한 나를 만나다. 정인수 역. 서울: 한울림.

Dumazedire, J. (1976). 餘暇文明へ向かって 中島 嚴 역. 東京:東京倉元社.

Edginton, C. R., Jordan, D. J., DeGraaf, D. G., & Edginton, S. R. (2002). *Leisure and Life Satisfaction: Foundational Perspectives*. NY: McGraw-Hill.

Epicurus (2005). 쾌락. 오유석 역. 서울: 문학과지성사.

Goodale, T., & Godbey, G. (1988). *The Evolution of Leisure*. PA: Venture Publishing.

Huizinga, J. (1993). 호모 루덴스. 김윤수 역. 서울: 까치.

Iso-Ahola, S. E. (1980). *The Social psychology of leisure and recreation*. Dubuque: Wm. C. Brown company publishers

Kail, R. V., & Cavanauch, J. C. (2000). *Human Development: A Lifespan View*. CA; Wadsworth.

Kaplan, M. (1975). *Leisure: Theory and Policy*. NY: John Wiley & Sons.

Kelly, J. R. (1975). Life Styles and Leisure Choices. *The Family Coordinator, 24,* 185-190.

Kettner, p. M., Moroney, R. M., & Martin, L. L. (1990). *Designing and Managing Programs: An Effectiveness-Based Approach*. California: Sage piblications.

Kimmel, D. C. (1974). Adulthood and Aging: An Interdisciplinary, Developmental View. NY: John Wiley & Sons.

Kraus, R. (1998). *Recreation and Leisure in Modern Society*. MA: Jones and Bartlett Publisher.

Meyer, H. D., & Brightbill, C. K. (1959). *Community Recreation: A Guide to its organization*. NJ: Englewood Cliffs.

Leitner, M. J. (1989). *Leisure Enhancement*. NY: The Haworth Press.

Maclean, J. R., Peterson, J. A., Martin, W. D. (1985). *Recreation and Leisure The Changing*

Scene. NY: Macmillan Publishing Company.

Mannell, R. C., & Kleiber, D. A. (1997). *A Social Psychology of Leisure.* PA: Venture Publishing.

Miltenberger, R. G. (2012). **최신 행동수정.** 안병환, 윤치연, 이영순, 이효신, 천성문 역. 서울: 시그마프레스.

Murphy, J. F. (1981). *Concepts of Leisure.* NJ: Prentice-Hall.

Neukrug, E. (2017). **상담 이론과 실제.** 정여주, 두경희, 이자명, 이주영, 이아라 역. 서울: CENGAGE Learning.

Neulinger, J. (1984). *The Psychology of Leisure.* IL: Charles C Thomas·Publisher.

O'Connor, K. J. (2003). **놀이치료입문.** 송영혜, 윤지현 역. 서울: 시그마프레스.

O'Morrow, G. S. (1976). *Therapeutic Recreation: A Helping Profession.* Virginia: A Prentice-Hall Company.

Orthner, D. K. (1975). "Familia Ludens: Reinforcing the Leisure Component in Family Life." *The Family Coordinator April,* 175-183.

Orthner, D. K. (1976). "patterns of leisure and marital interaction." Journal of leisure Research 8. in Iso-Ahola, Seppo E.(1980). *The Social psychology of Leisure and Recreation.* Wm. C. Brown Company publishers.

Oxford University Press (2001). The New Oxford American Dictionary.

Parker, S. (2002). **현대사회와 여가.** 이연택, 민창기 역. 서울: 일신사.

Peterson, C. A., & Gunn, S. L. (1984). *Therapeutic Recreation Program Design.* NJ: Prentice-Hall.

Peterson, C. A., & Stumbo, N. J. (2000). *Therapeutic Recreation Program Design.* MA: Allyn & Bacon.

Pieper, J. (1998). *Leisure: The Basis of Culture.* Indiana: ST. AUGUSTINE'S PRESS.

Robertson, T., & Long, T. (2008). *Foundations of Therapeutic Recreation.* IL: Human Kinetics.

Rojek, C. (1995). *Decentring Leisure: Rethinking Leisure Theory.* London: Sage Publications.

Shaw, S. M. (1997). "Controversies and Contradictions in Familiy Leisure: An Analysis of Conflicting paradigms." *Journal of Leisure Research, 29*(1), 98-112.

Shaw, S. M., & Dawson, D. (2001). Purposive Leisure: Examining parental Discourses on Family Activities. *Leisure Sciences, 23,* 217-231.

Seligman, M. E. P. (2006). **마틴 셀리그만의 긍정심리학.** 김인자 역. 서울: 물푸레.

Sneegas, J. J. (1993). Social Skills: An Integral Component of Leisure Participation and Therapeutic Recreation Services. The Best of the Therapeutic Recreation Journal. Leisure Education Arlington, National Recreation and Park Association, 175-185.

Stein, D. B. (2016). ADHD는 병이 아니다. 윤나연 역. 서울: 전나무숲

Stumbo, N. J., & Peterson, C. A. (1998). The Leisure Ability Model. *Therapeutic Recreation Journal.*, *32*(2), 82-96.

Veblen, T. (1934). *The Theory of the Leisure Class: An Economic Study of Institutuions.* NY: The Modern Library.

Zabriskie, R. B. (2000). "An Examination of Family and Leisure Behavior among Families with Middle School Aged Children." Unpublished Doctoral Dissertation. Indiana Unversity.

Zastrow, C., & Kirst-Ashman, K. K. (2006). **인간행동과 사회 환경.** 김규수 외 6인 역. 서울: 나눔의 집.

저/자/약/력

정준구

강남대학교 사회복지전문대학원 사회복지학과 졸업

사회복지학 박사

치료레크리에이션 전문가

현) 사단법인 한국디지털치료레크리에이션협회 천안지회장

현) 한국치료레크리에이션사회복지학회장

〈주요 저서 및 논문〉

치료레크리에이션개론(단독), 인간행동과 사회환경(공저) 이외 논문 다수

치료레크리에이션개론(2판)

초판발행 2013년 9월 10일 **1판 1쇄 발행** | 2015년 3월 20일 **1판 2쇄 발행**
2판발행 2021년 1월 5일 **2판 1쇄 인쇄** | 2021년 1월 10일 **2판 1쇄 발행**

지은이 정준구
펴낸이 최용구 | **펴낸곳** 도서출판 **신정**
주소 (04316) 서울시 용산구 원효로 89길 19 (원효로1가)
전화 02)3211-4782, 0266(영업부), 3211-4783(편집부), 3211-4784(팩스)
이메일 shinjeong72@naver.com | **홈페이지** www.sjbook.co.kr
등록 2001년 5월 11일 제13-702호
기획마케팅 최용구 장만동 최충구 진소희 | **책임편집** 석기은 황가연

ISBN 978-89-5912-529-6 93330
정가 15,000원